APRENDO
A JUGAR AL AJEDREZ

Grupo ROBIN BOOK

Barcelona - México
Buenos Aires

APRENDO A JUGAR AL AJEDREZ

Diego del Rey Santos

Martín Marino Veras Sanz

Colección

Escaques

índice

SARA Y NOEL

SARA y NOEL son dos amigos con mucho en común. Diferentes, pero les une sus ganas de jugar todo el tiempo.

Juegan al fútbol, baloncesto, patinan, montan en bici, como los chicos de su edad. Todo les divierte, y todo les sirve para aprender y tener la mente despejada. NOEL es algo mayor que SARA, y por eso siempre le ayuda en las cosas que ella todavía no entiende.

SARA y NOEL se complementan muy bien. NOEL es muy decidido, y SARA es más tímida. A NOEL le gusta subirse a los árboles, sin embargo SARA prefiere ver las cosas desde el suelo.

Una tarde al salir del cole fueron al parque, con los hermanos de NOEL: SELESA y JUAN. Estuvieron un rato en los columpios, probando ese nuevo carrusel que habían instalado la semana anterior. Después de subir y bajar 50 veces por el "barco pirata", SARA le propuso a NOEL jugar al escondite.

- ¡Cuenta hasta 20 y luego empieza a buscarme! –gritó SARA-
- ¡No vale esconderse lejos! –dijo NOEL-

SARA no fue a esconderse detrás de aquel árbol al que siempre iban, sino que esta vez eligió otro que estaba algo más apartado del resto. NOEL había contado lentamente y en voz alta como hacía siempre. Sabía que encontraría a SARA detrás de ese árbol que les gustaba tanto... Pero esta vez no encontró a SARA a la primera.

- ¡Te encontré! –gritó decidido-

Pero SARA no estaba allí donde la buscaba.

- Así que has cambiado de escondite... –susurró NOEL-. ¿Habrá vuelto al "barco pirata"?, ¡SARA! Voy hacia allí.

Pero SARA tampoco estaba debajo del tobogán. NOEL estuvo varios minutos buscándola. Preguntó a JUAN, pero no la había visto. Preguntó a SELESA, a veces jugaban a "cosas de chicas", pero no encontró a su compañera de juegos.

- SARA me rindo, ¿dónde estás?
- ¡NOEL, NOEL! Mira lo que tengo.
- SARA ¿qué haces aquí?, llevo buscándote un rato, estaba preocupado.
- He encontrado una caja, y verás lo que tiene dentro...

SARA sacó del interior de la caja unas figuritas, con formas sorprendentes, raras, cosas que nunca había visto.

- Mira, un caballito –dijo SARA sorprendida-
- ¡Vaya! Un AJEDREZ. –dijo NOEL, con voz nerviosa-
- ¿Qué? –preguntó SARA-
- Un AJEDREZ. Mi abuelo tiene uno en su casa, pero no sé cómo se juega.-respondió NOEL-
- ¡Mira cómo brillan las piezas! –dijo SARA acariciando la cabeza redonda de un alfil-

En ese momento una voz les interrumpió.

- ¿puedo ayudaros? –dijo con voz amable-
- ¡Vale! –respondió NOEL-
- Le regalé este ajedrez a mi nieto para su cumpleaños. Íbamos a jugar ahora un rato. ¿queréis que os explique cómo se juega?
   -¡Claro! ¡Vamos a jugar al **AJEDREZ**!

EL AJEDREZ

El juego del Ajedrez consiste en el enfrentamiento de dos bandos: las piezas blancas y las piezas negras. Para ganar una partida hay que capturar al Rey contrario, es lo que se llama JAQUE MATE.

Pero en ocasiones, una partida de ajedrez no termina con la victoria de uno de los dos bandos, es el caso del empate, que en el ajedrez se llama TABLAS.

Antes de comenzar una partida de ajedrez hay que conocer las reglas del juego y por supuesto, el movimiento de las piezas, así como su distribución inicial en el tablero.

Objetivos:

- CONOCIMIENTO DEL JUEGO
- DESARROLLAR UNA PARTIDA COMPLETA
- CONOCER EL LENGUAJE DEL AJEDREZ

PENSADO PARA 32 SEMANAS ESCOLARES

TEMA 1

EL TABLERO Y LAS PIEZAS
NOMBRE DE LAS PIEZAS

**"Eso es lo que yo quiero,
conocer bien el tablero"**

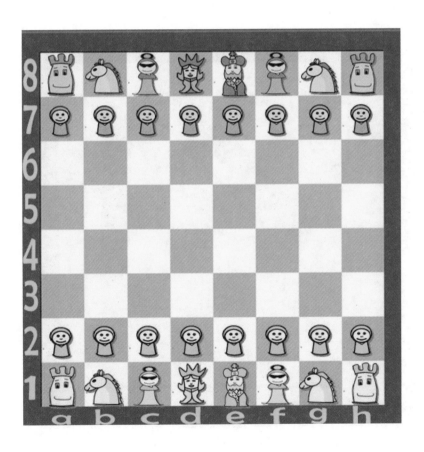

EL TABLERO

El tablero de Ajedrez tiene 64 cuadros o escaques:

32 blancos y 32 negros.

Hay 8 *filas* (del **1** al **8**), y 8 *columnas* (de la **a** a la **h**), como en la figura. Las *diagonales* son líneas de cuadros de igual color unidos por sus vértices.

Al empezar la partida tengo que mirar que el cuadro blanco quede siempre a la derecha.

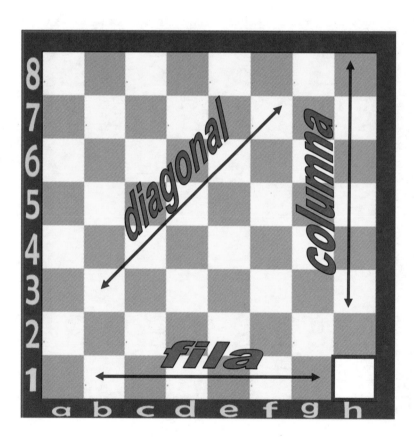

CONOZCO EL TABLERO

Estos son los nombres de las casillas de la fila 1, y la fila 5.

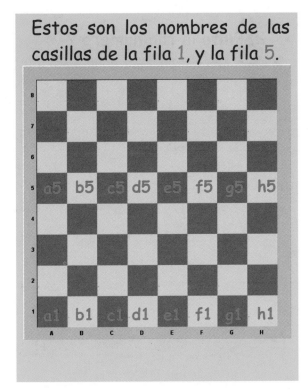

Estos son los nombres de las casillas de la columna a y e.

Las grandes diagonales.

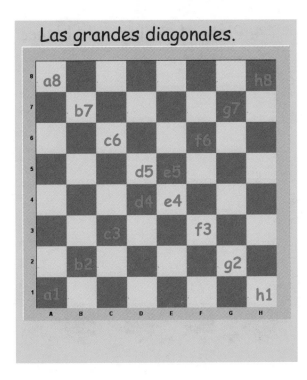

El centro del tablero.

CONOZCO EL TABLERO

1. Pinto los cuadros e4, e5, f3 y c6

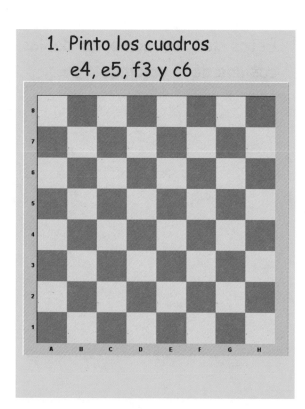

2. Pinto la fila número 7

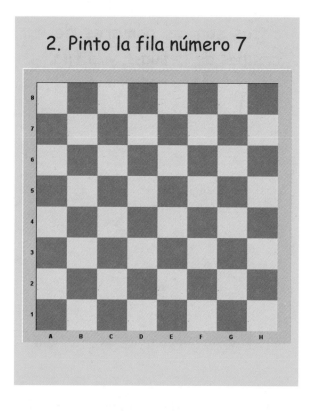

3. Coloreo la columna c

4. Pinto la diagonal blanca más larga

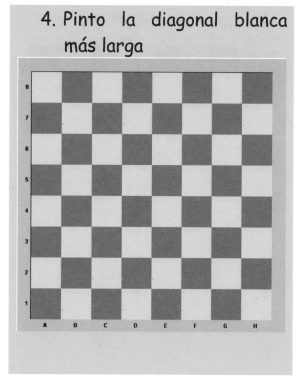

CONOZCO EL TABLERO

5. Pinto las torres que están en la columna c

6. Pinto las torres que están en la 7ª fila

7. Coloreo la diagonal que ocupan los alfiles de casillas negras

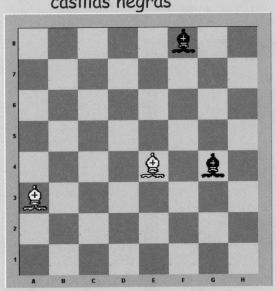

8. Pinto la diagonal en la que están los alfiles de casillas blancas

 GUERRA DE BARCOS

juego con mis compañeros

En el tablero de arriba dibujo los barcos que se encuentran más abajo, y en el otro tablero debo adivinar dónde están los barcos de mi compañero.

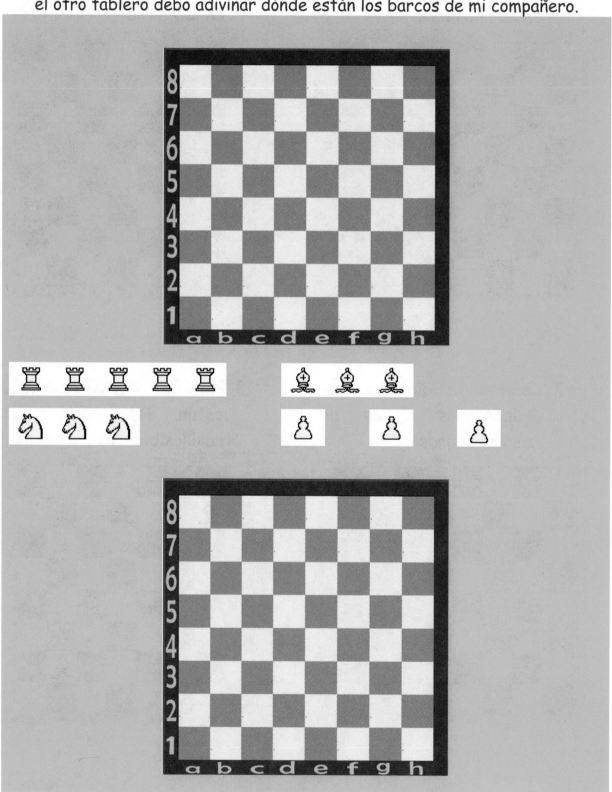

LAS PIEZAS

Ya conozco el tablero, y para jugar tengo que saber qué piezas tengo, su movimiento y su valor.

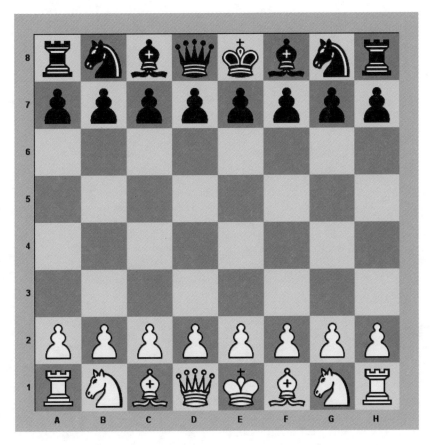

Así coloco las piezas al comenzar una partida.

Cada bando tiene:

8 peones
2 caballos
2 alfiles

2 torres
1 dama
1 rey

Dibujo las piezas de ajedrez

peón   caballo

torre   alfil

rey   dama

SOPA DE LETRAS: rodeo las palabras:
columna, fila, diagonal, rey, dama, torre, alfil, caballo y peón.

Dibujo: uno los puntos siguiendo el orden de los números.

1*
2*
3* 20*
19*
4*
5*
12*
6*
11*   18*
7*
8* 9*
10*
13*
14*   17*
15*   16*

TEMA 2

EL VALOR DE LAS PIEZAS

**"Conservaré las piezas de más valor,
si alguna pierdo, tendré mucho dolor"**

LAS PIEZAS

Cuando juego una partida de ajedrez, tengo que saber si voy ganando o perdiendo. Para eso voy a aprender cuánto vale cada pieza.

Las piezas que más valen, son las que se pueden mover a más sitios, por eso el peón es el que menos vale, y la Dama es la pieza de más valor.

El rey no se puede comer, hay que darle jaque mate para terminar la partida. Pero también se puede mover, y lo puedo utilizar para comer piezas contrarias.

 EL PEÓN = 1

 EL CABALLO = 3

 EL ALFIL = 3

 LA TORRE = 5

 LA DAMA = 10

 EL REY = la partida

CUENTO LOS PUNTOS

En el ajedrez no se gana a los puntos como en el baloncesto, hay que dar jaque mate. Pero nos podemos hacer una idea de quién va ganando contando los puntos de cada jugador.

¿Quién tiene más puntos en las siguientes posiciones?

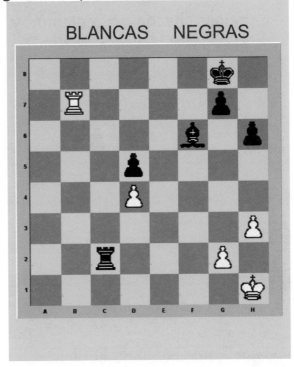

Yo me como una pieza del contrario, y él se come una pieza mía:

- Si son del mismo valor, hemos hecho un cambio, y ninguno sale ganando.

Pero si las piezas comidas tienen distinto valor, entonces pueden pasar dos cosas:

que salga ganando el blanco   o que gane el negro

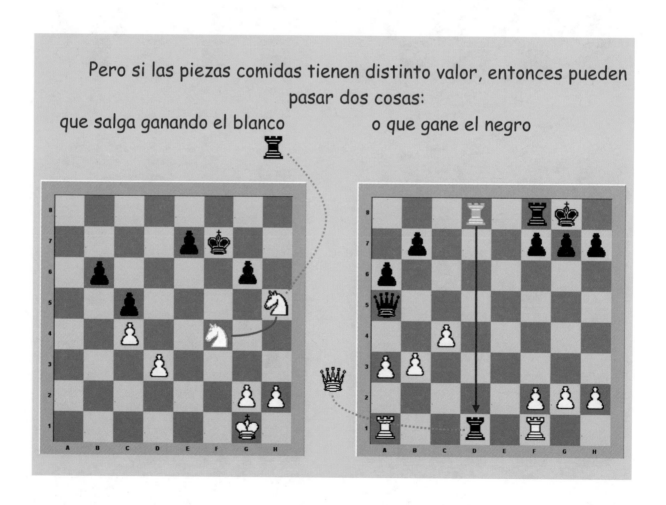

Cuanto mayor es el movimiento de las piezas, más valor tienen.
O sea, que las piezas que amenazan más casillas, valen más.

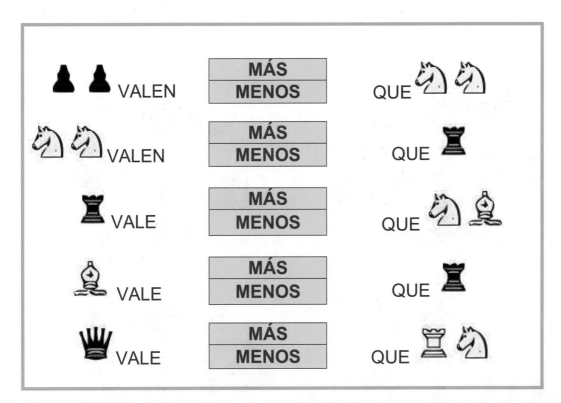

SUMAS
Unir cada suma con su resultado

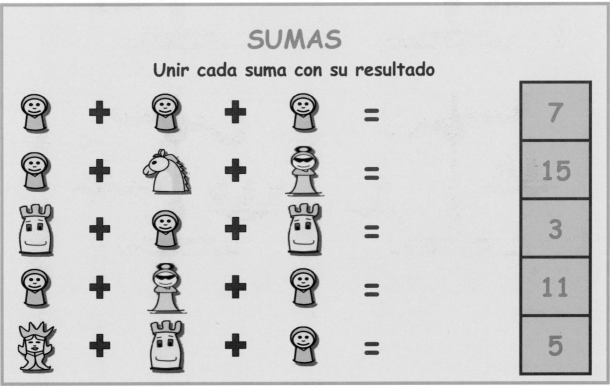

BALANZAS

Tacho las piezas que sobran en el plato más pesado para igualar el valor de los dos lados.

TEMA 3

EL PEÓN

**"No debes descuidar al peón,
aunque no lo parezca,
es un campeón"**

EL PEÓN = 1

Lo muevo una o dos casillas hacia delante desde sposición inicial. Despúes, siempre de una en una.

Nunca lo muevo hacia atrás.

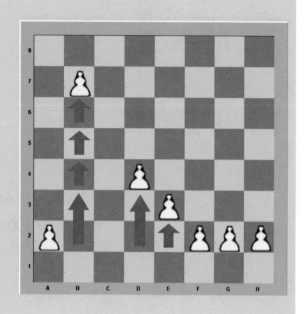

Para comer una pieza del contrario, muevo un cuadro en diagonal a derecha o izquierda

EL PEÓN = 1

Si llego a la fila nº 8 con mi peón, puedo cambiarlo por la pieza que quiera (el rey no).

Eso es *coronar*.

O sea, ¡puedo llegar a tener 9 damas, 10 torres, 10 alfiles o 10 caballos!

Comer al paso:
cuando tengo un peón en mi 5ª fila, y el contrario mueve un peón dos casillas al lado del mío, me lo puedo comer en ese momento.

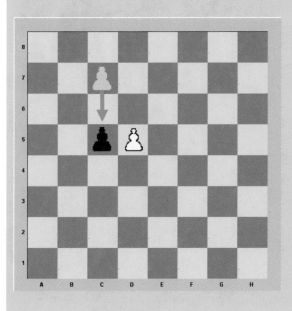

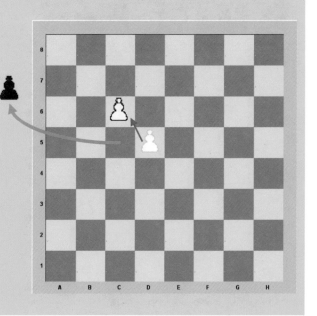

MUEVO LOS PEONES

1. Rodeo con un círculo las piezas que pueden comer los peones blancos.

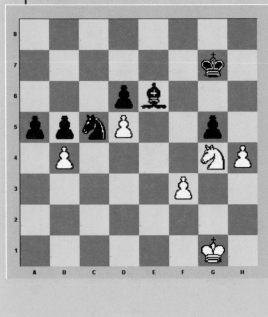

2. Rodeo con un círculo los peones negros que no se pueden mover.

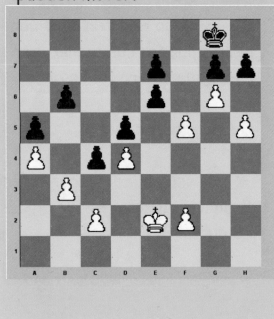

3. Rodeo con un círculo los peones blancos que defienden piezas blancas.

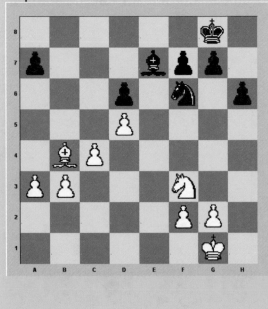

4. Rodeo con un círculo las piezas negras defendidas por sus peones.

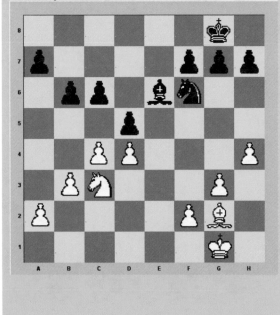

MUEVO LOS PEONES

5. Rodeo con un círculo las casillas que amenazan los peones blancos.

6. Rodeo con un círculo los peones negros que pueden comer piezas blancas.

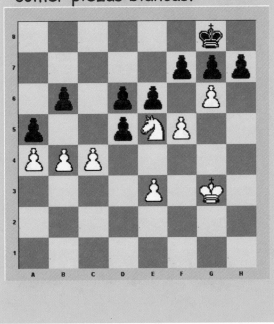

7. Marco los cuadros a los que puedo mover el peón blanco.

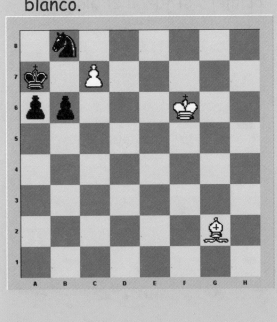

8. Pinto todas las jugadas que pueden hacer los peones blancos.

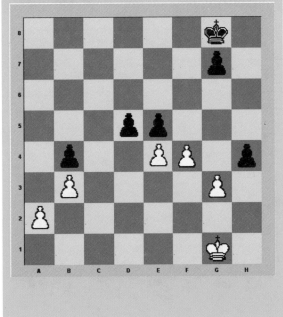

CORONO LOS PEONES

1. Pinto el camino más corto del peón de **c5** para coronar.

2. Rodeo con un círculo el peón que está más cerca de coronar.

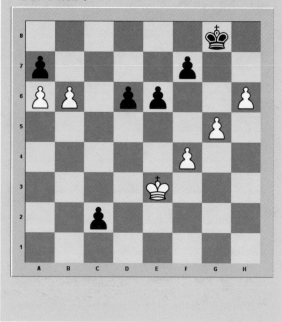

3. Sin mover el rey blanco, intento coronar uno de los peones.

4. ¡A correr!, ¿qué peón llega primero si juega el blanco?

CORONO LOS PEONES

5. ¿Cuántas jugadas tiene que hacer cada peón para coronar?

6. Elijo una pieza par cambiar por el peón blanco.

7. Pinto los cuadros donde puede mover el peón blanco.

8. Pinto los peones negro que tienen el camino libre hasta coronar.

COMO AL PASO

1. Rodeo los peones blancos que pueden comer al paso.

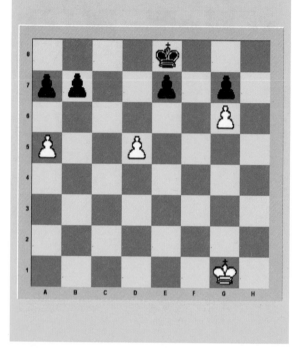

2. Pinto las casillas a las que puede mover el peón negro de *h4*, después de la última jugada del blanco.

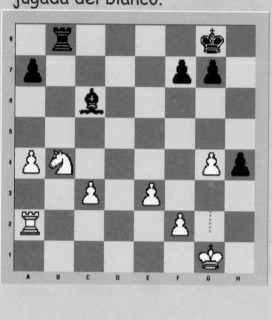

3. El negro ha movido el peón dos cuadros ...

4. ¿cómo quedan los peones si el blanco come al paso?

PASATIEMPOS DE PEONES
Completa la imagen

Encuentra las 3 sombras idénticas, y rodéalas con un círculo

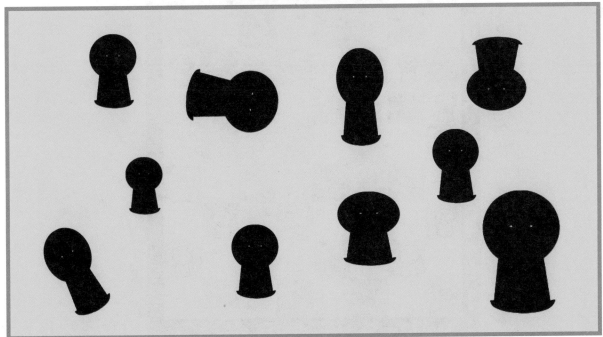

BATALLA DE PEONES
juego con mis compañeros

¡Tengo que llegar el primero!

Jugamos sólo con los peones, y gana el que consiga coronar un peón el primero. Como siempre, juegan las blancas.

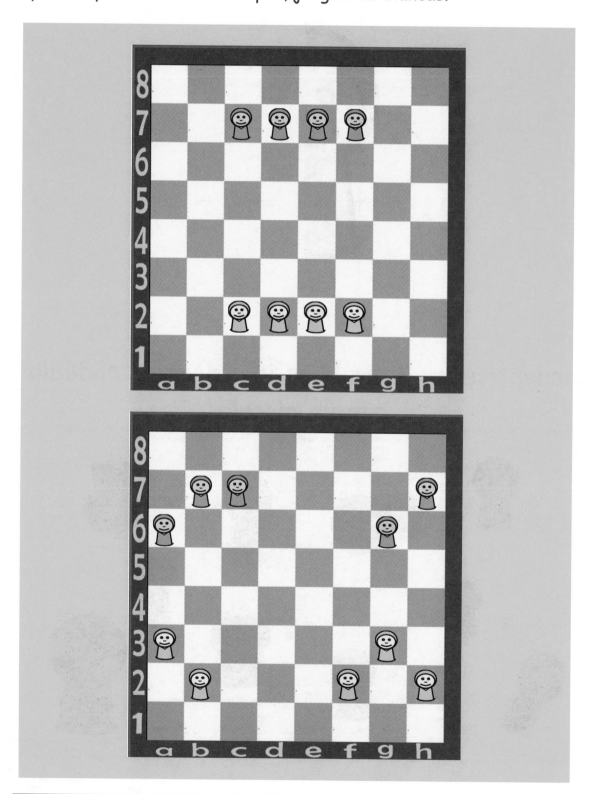

TEMA 4

EL CABALLO

**"Lo dicen hasta en la tele,
el caballo mueve en forma de ele"**

EL CABALLO = 3

Lo muevo en forma de L. Cuento dos cuadros hacia delante o atrás, y uno a derecha o izquierda. O al revés, dos a derecha o izquierda, y uno adelante o atrás.

El caballo cuando salta siempre va de cuadro blanco a cuadro negro, o al revés.

Si está en el centro del tablero "juega más", que si está en un rincón.

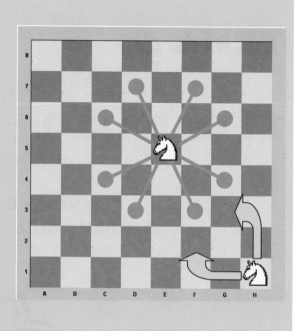

El caballo es la única pieza que puede saltar por encima de otras, y cuando me encuentro con alguna pieza del rival, me la puedo comer.

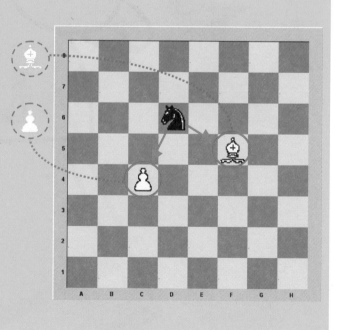

MUEVO EL CABALLO

1. Pinto los cuadros a los que puedo saltar con el caballo desde la esquina.

2. Pinto y cuento las casillas a las que puedo saltar con el caballo en el centro del tablero.

3. Ahora cuento los cuadros que a los que pueden llegar los dos caballos.

4. Me como todos los peones negros, sin pasar dos veces por el mismo cuadro.

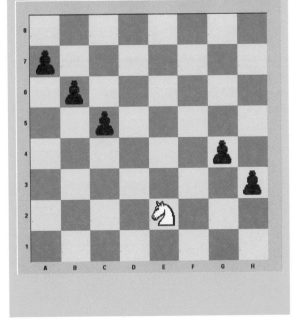

MUEVO EL CABALLO

En los siguientes tableros pinto y cuento el camino más corto
que debe hacer el caballo blanco para llegar hasta el caballo negro

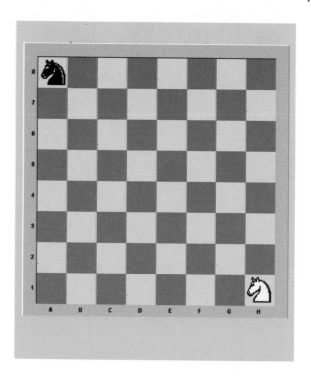
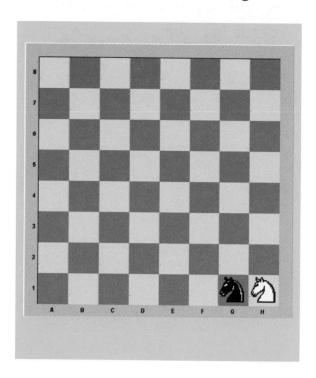

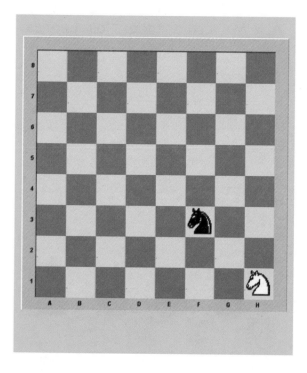
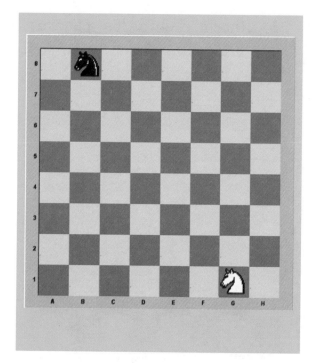

MUEVO EL CABALLO

Pinto el cuadro desde donde los caballos blancos amenacen dos piezas negras.

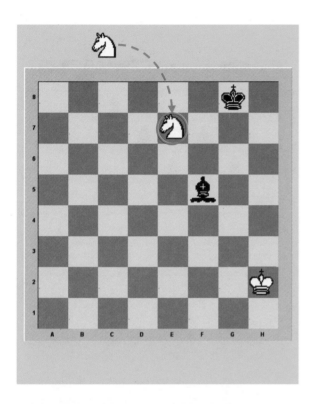

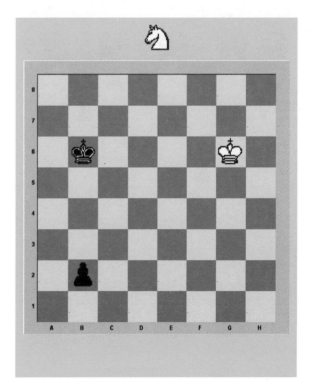

MUEVO EL CABALLO

En los siguientes tableros rodeo las piezas que puedo comer con los caballos blancos.

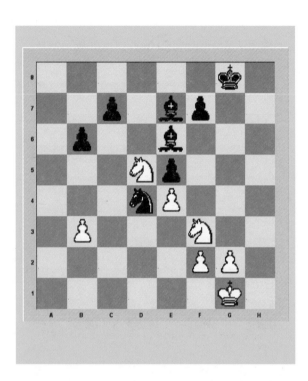

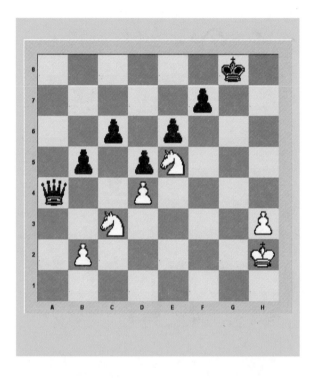

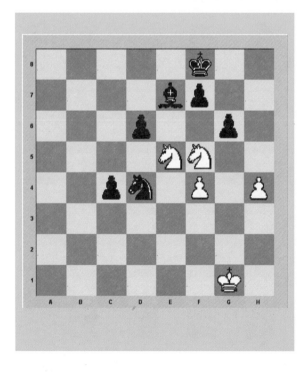

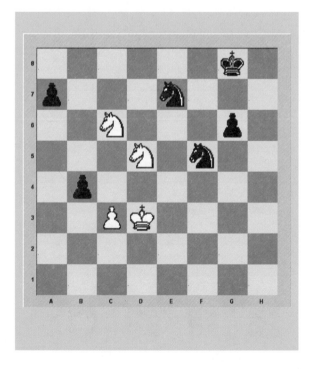

MUEVO EL CABALLO

Ahora, pinto los cuadros a los que puedo mover los caballos negros.

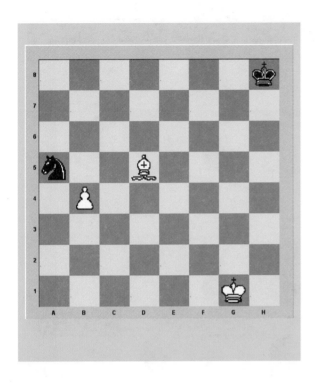

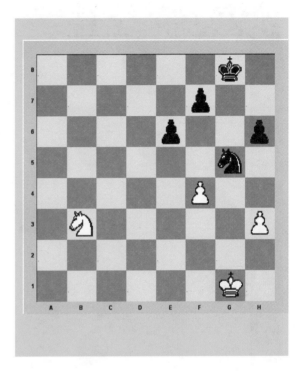

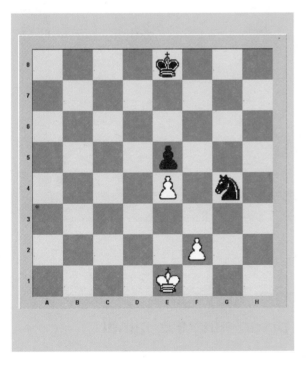

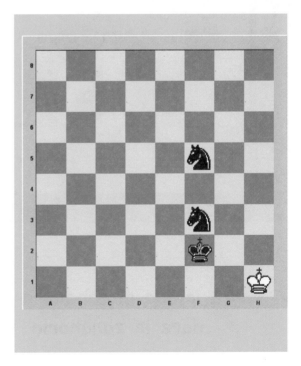

JUEGO CON EL CABALLO

Voy a ir con el caballo a recoger mi regalo, y luego le daré la zanahoria, ¡sin pisar ninguna mina!

SALTO DE CABALLO

Escribe la frase que aparece al saltar con el caballo por las sílabas del recuadro.

___ - ___ ___ - ___ - ___ ___ - ___ - ___ ___ - ___

BATALLA DE PEONES CONTRA CABALLOS
juego con mis compañeros

Los caballos negros tienen que comerse todos los peones blancos, antes de que coronen.

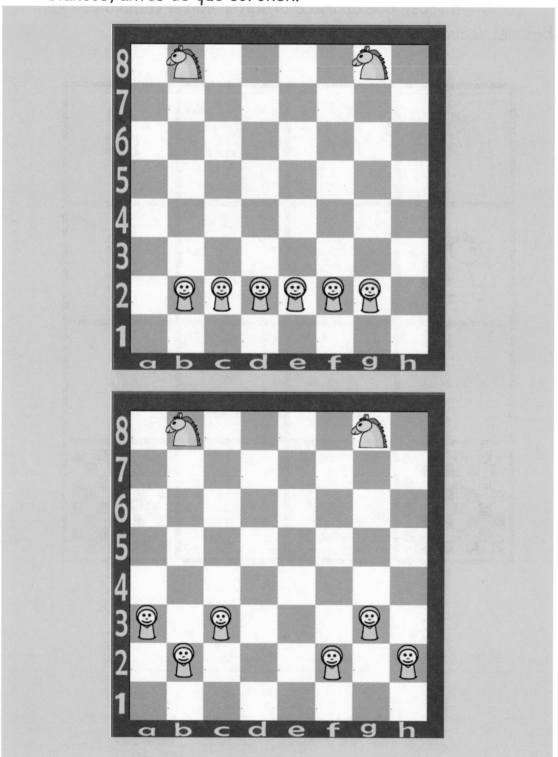

TEMA 5

EL ALFIL

**"Curioso nombre el del Alfil,
a mí me ha costado,
pero lo he aprendido por fin"**

 EL ALFIL = 3

Lo muevo en diagonal. Tantos cuadros como quiera hasta que me encuentro otra pieza.

Un alfil lo muevo por las casillas blancas, y el otro por las negras.

Si está en el centro del tablero también "juega más", que si está en un rincón, y busco las diagonales "abiertas".

Si la pieza que me encuentro es del contrario, me la puedo comer. Pero si la pieza es mía, me molesta para poder mover mi alfil.

Con dos alfiles y el rey, se puede dar jaque mate al rey contrario.

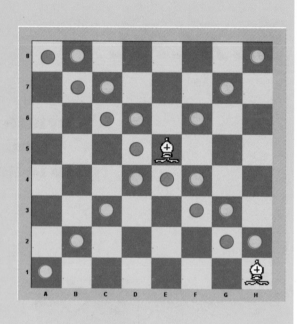

MUEVO EL ALFIL

Cuento los cuadros a los que puedo ir con los alfiles blancos de los diagramas.

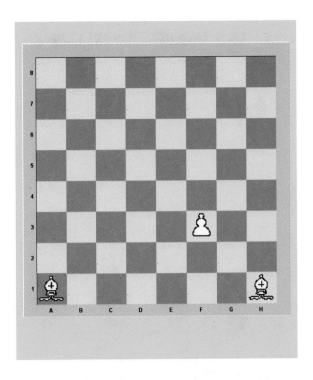
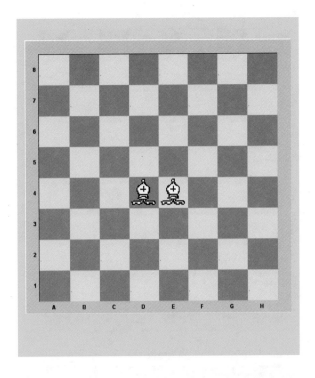
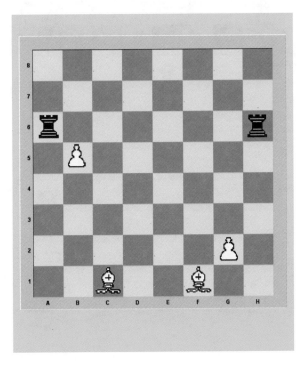
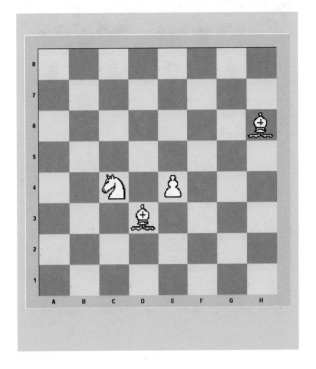

**Diego del Rey y Martín Marino Veras**

MUEVO EL ALFIL

Ahora, pinto los cuadros a los que puedo mover los alfiles negros.

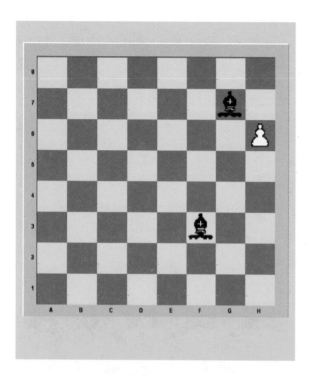
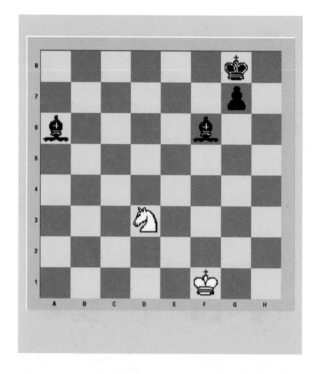

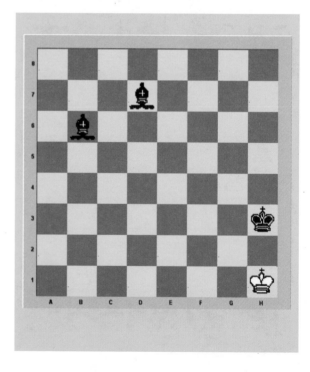

MUEVO EL ALFIL

Rodeo con un círculo las piezas que pueden comerse los alfiles blancos.

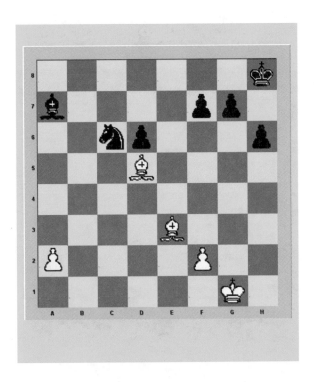

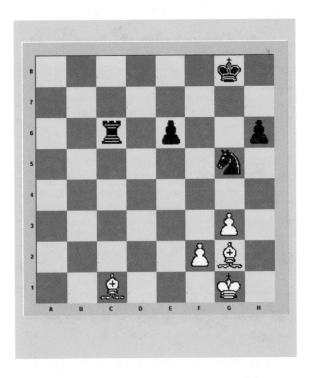

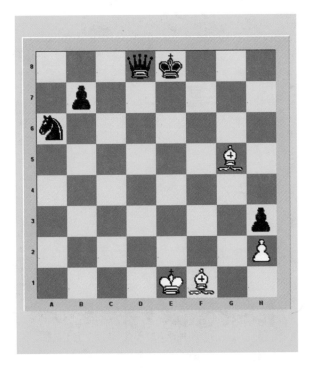

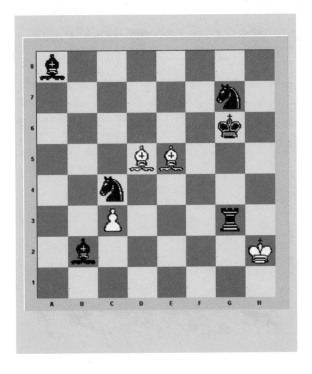

MUEVO EL ALFIL

Pongo el alfil blanco donde amenace dos piezas negras a la vez.

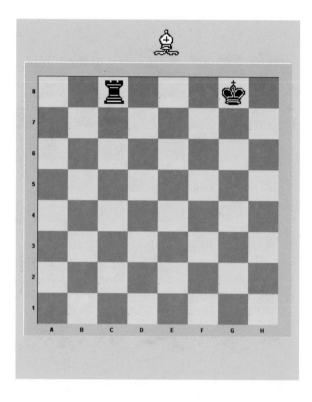

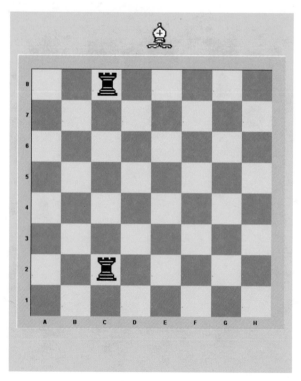

MUEVO EL ALFIL

Pinto el camino que haré con el alfil negro para comerme todas las piezas blancas, en el menor tiempo posible.

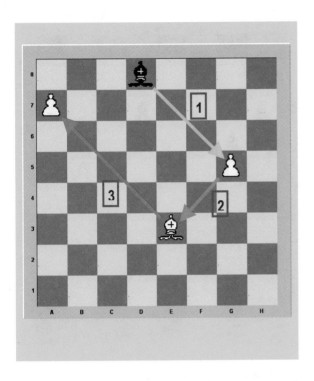

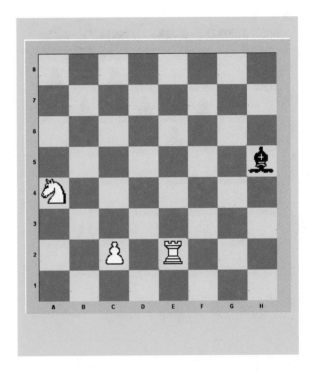

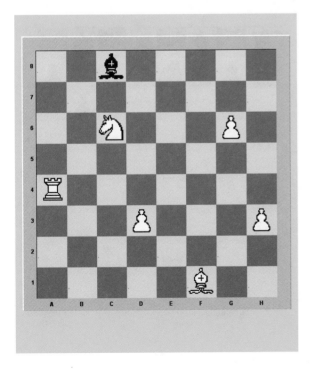

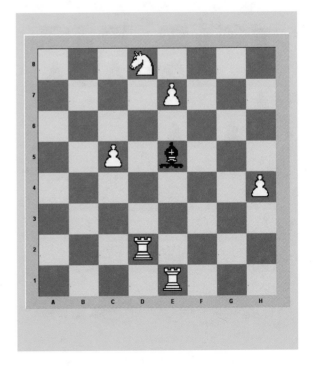

MUEVO EL ALFIL

Rodeo con un círculo el alfil que tiene más cuadros a donde ir.

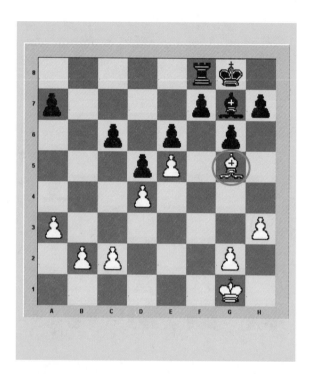

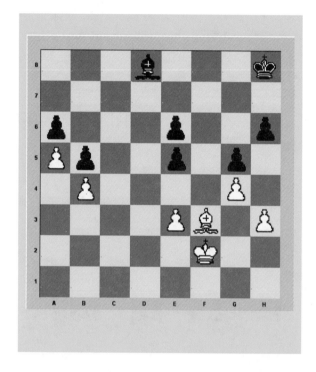

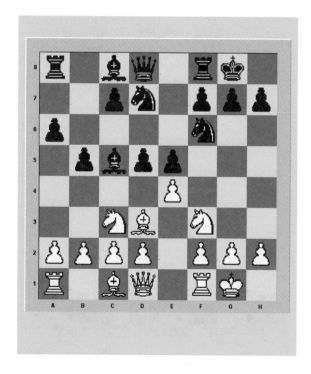

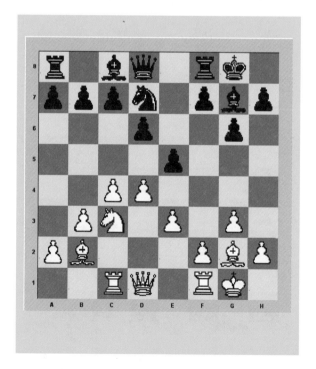

PASATIEMPOS DE ALFILES

Une los puntos del dibujo, y colorea como quieras

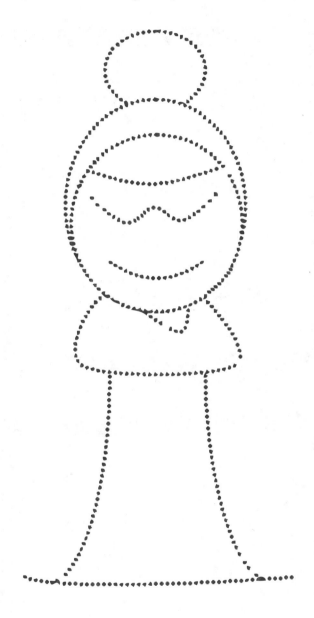

BATALLA DE ALFILES Y PEONES CONTRA CABALLOS Y PEONES

juego con mis compañeros
Gana el que se coma todos los peones del otro, o logre coronar alguno.

TEMA 6

LA TORRE

**"no tengo prisa en mover la torre,
aunque está en la esquina,
no se aburre"**

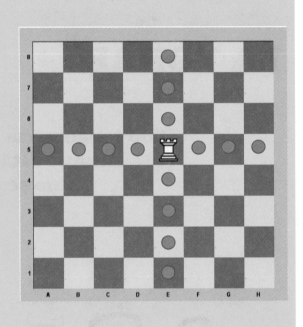 LA TORRE = 5

Lo muevo de un lado a otro, o hacia delante y atrás.

Tantos cuadros como quiera hasta que me encuentro otra pieza.

Las torres pueden llegar a muchos cuadros desde cualquier parte del tablero, no hace falta que estén en el centro.

Una torre y el rey son suficientes para dar jaque mate al rey contrario.

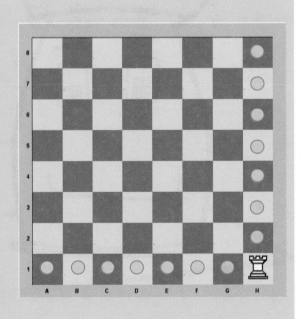

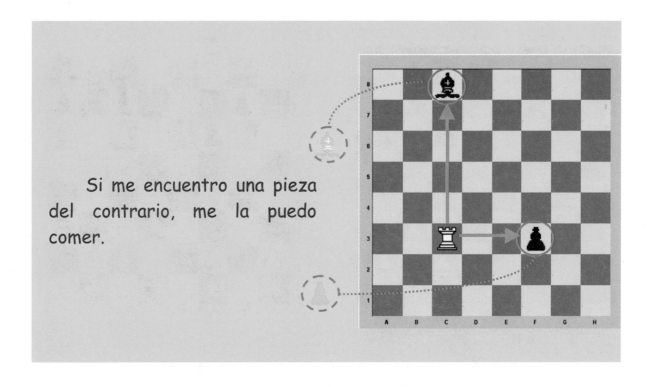 LA TORRE = 5

Si me encuentro una pieza del contrario, me la puedo comer.

Si la pieza es mía me molesta, así que tengo que buscar las columnas en las que no haya peones.

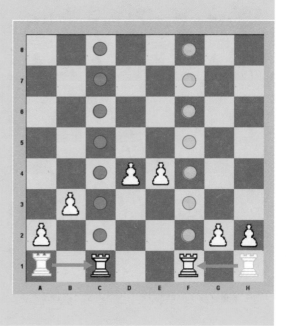

MUEVO LA TORRE

Rodeo con un círculo la torre blanca que tiene más cuadros para mover.

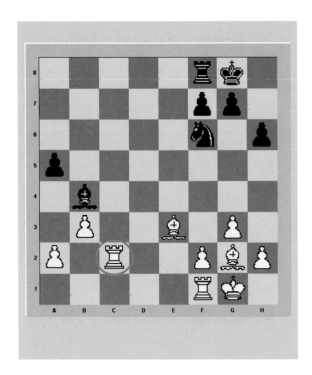

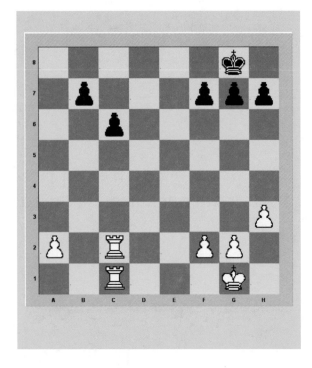

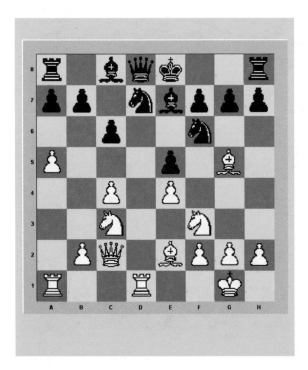

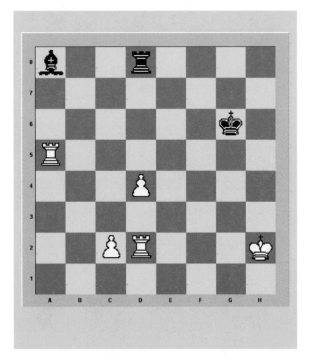

MUEVO LA TORRE

Rodeo con un círculo las piezas que pueden comerse las dos torres negras.

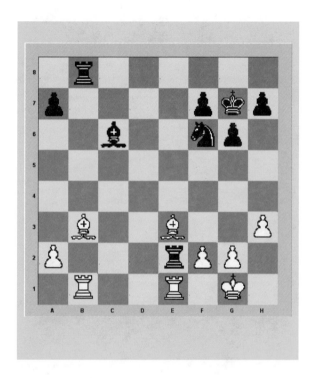

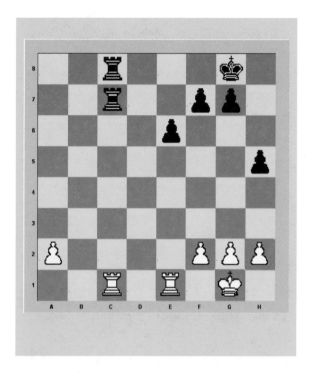

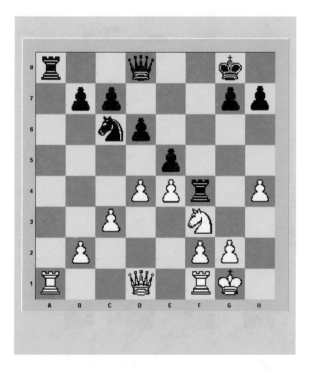

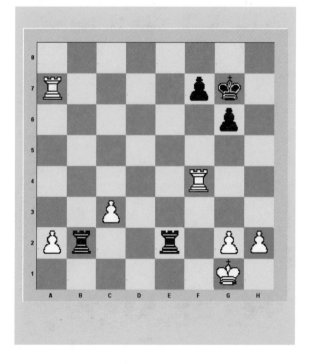

MUEVO LA TORRE

Pinto la casilla donde tengo que poner la torre blanca para amenazar las piezas del negro.

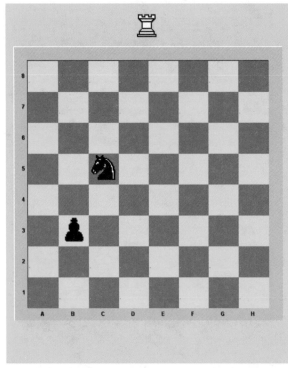

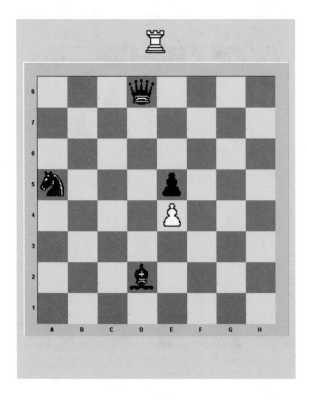

MUEVO LA TORRE

Pinto el camino más corto para colocar la torre blanca en la casilla marcada. Además así, no dejaré que el peón negro corone.

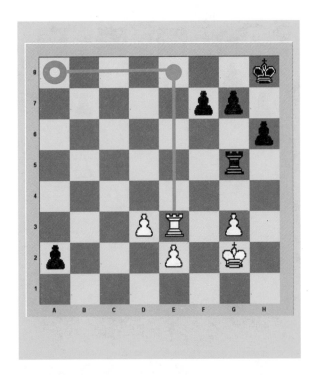

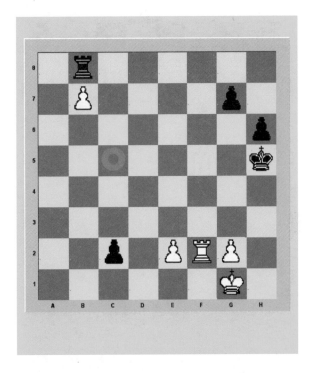

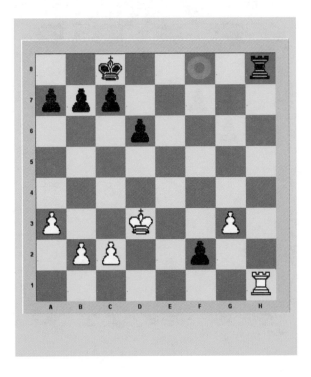

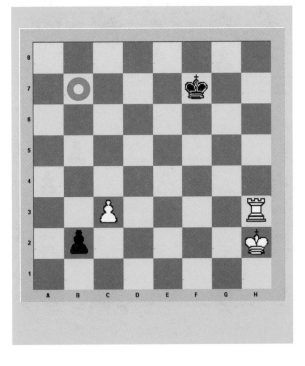

MUEVO LA TORRE

Me como todos los peones negros sin pasar por ningún cuadro amenazado.

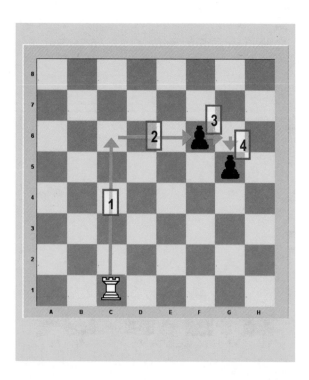

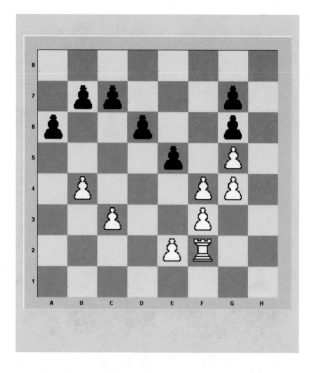

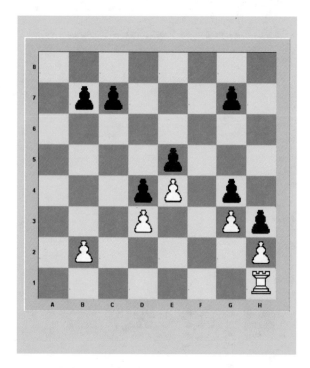

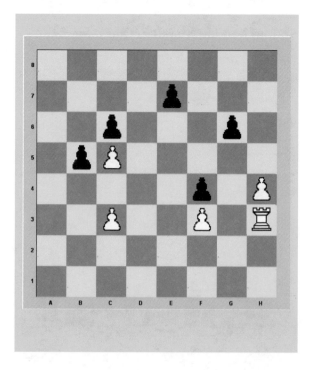

PASATIEMPOS DE TORRE
Completa la figura y colorea

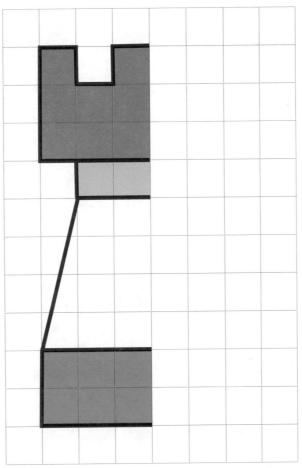

¿hacia dónde muevo la torre para comer una pieza de más valor?

BATALLA DE TORRE CONTRA PEONES
juego con mis compañeros

Gana el que se coma todos los peones del otro, o logre coronar alguno.

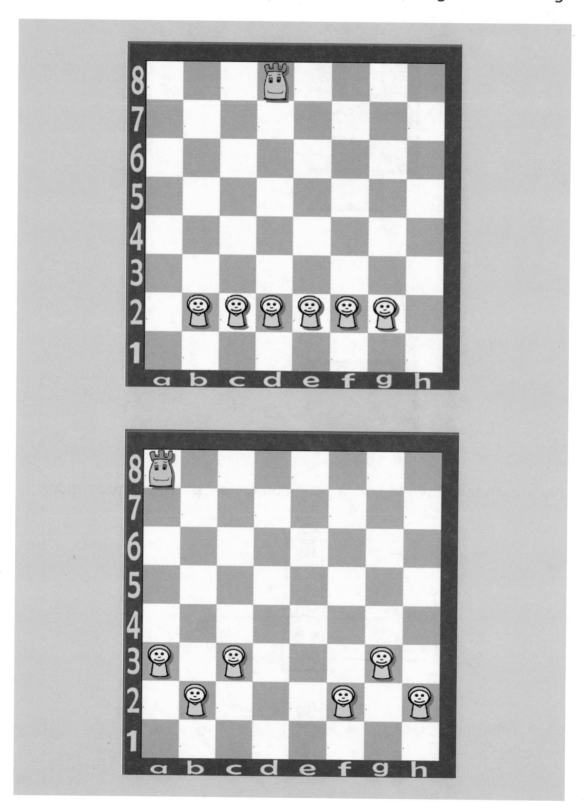

TEMA 7

LA DAMA

**"La dama es la pieza más poderosa,
mueve donde quiere
y además es la más hermosa"**

LA DAMA = 10

La muevo de un lado a otro, hacia delante y atrás y en diagonal.

Tantos cuadros como quiera hasta que me encuentro otra pieza.

La dama también puede llegar a muchos cuadros desde cualquier parte del tablero, aunque en el centro lo domina todo.

Con una dama y el rey es fácil dar jaque mate al rey contrario.

LA DAMA = 10

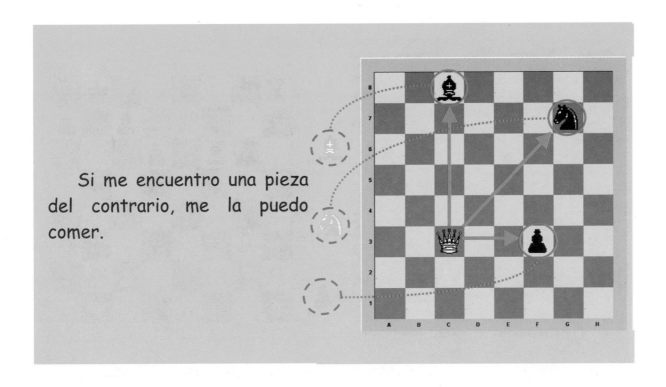

Si me encuentro una pieza del contrario, me la puedo comer.

Como la dama es muy valiosa, es mejor no moverla al principio de la partida porque nos la podrían comer.

MUEVO LA DAMA

Rodeo con un círculo las piezas que me puedo comer con la dama blanca.

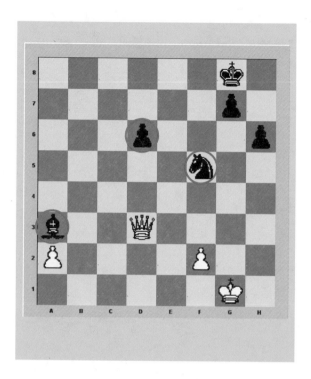

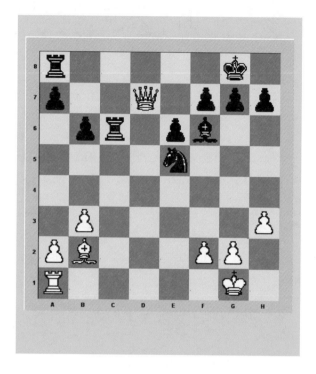

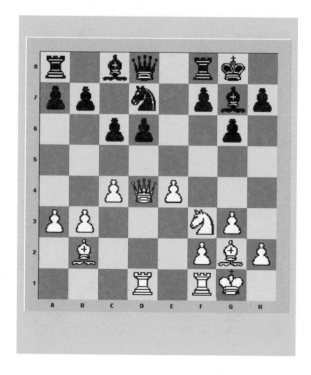

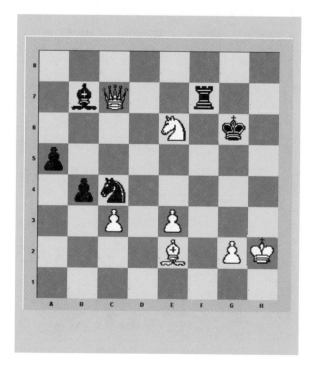

MUEVO LA DAMA

Con la dama blanca, pinto el camino más corto para llegar a la casilla marcada.

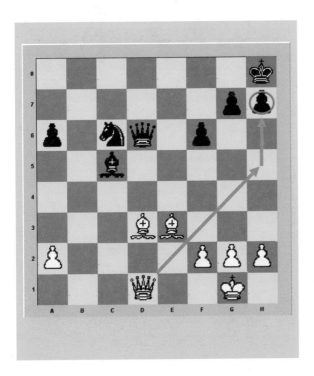

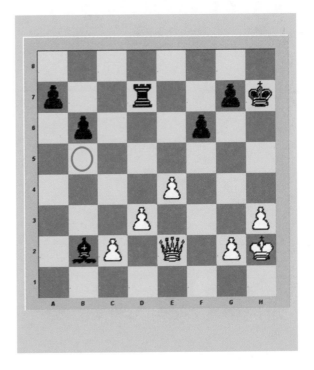

MUEVO LA DAMA

Pongo la dama negra en una casilla desde donde amenazo las piezas blancas.

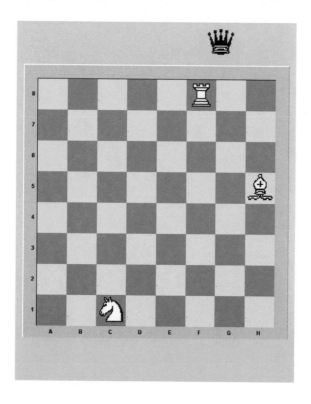

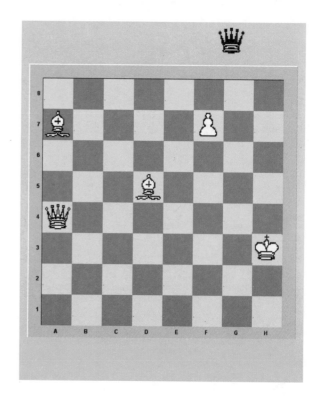

MUEVO LA DAMA

Marco los cuadros donde muevo la dama negra sin ser comida.

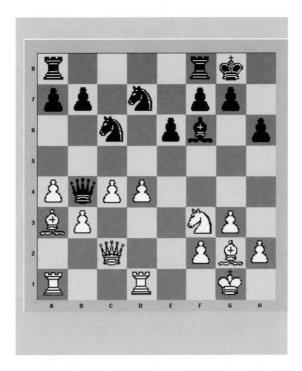

PASATIEMPOS DE DAMAS

Coloco las 5 damas de manera que entre todas amenacen todas las casillas del tablero.

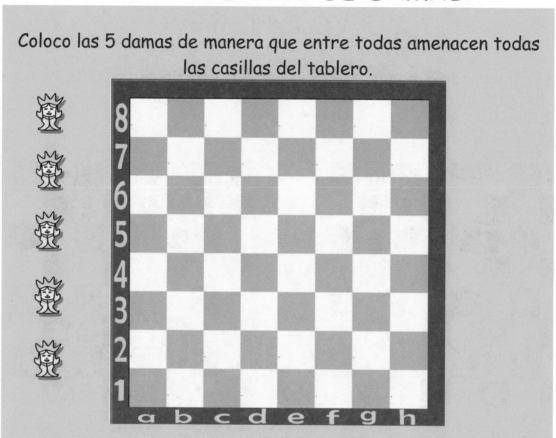

Coloco las 8 damas de manera que no se amenacen entre ellas.

PASATIEMPOS DE DAMAS

Encuentra los 5 errores del dibujo de la derecha

Cuenta los balones de baloncesto y de fútbol que puede coger la dama

BATALLA DE DAMA CONTRA TODOS
juego con mis compañeros

Gana el que se coma todas las piezas del otro, o logre coronar algún peón.

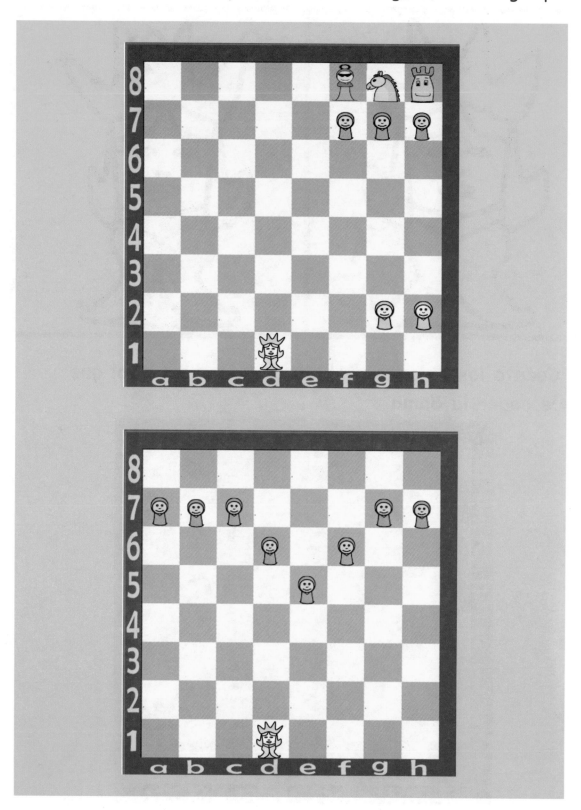

TEMA 8

EL REY

**"Con el rey tendré mucho cuidado,
lo guardaré en su trono, hasta con candado"**

EL REY

Lo muevo un solo cuadro hacia un lado u otro, hacia delante o atrás y en diagonal.

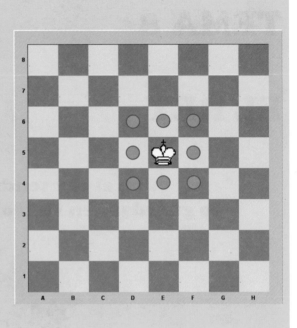

Con el rey también me puedo comer piezas del contrario.

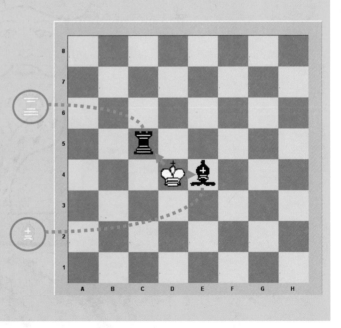

 EL REY

Al principio de la partida, cuando hay muchas piezas en el tablero, tengo que proteger mi rey.

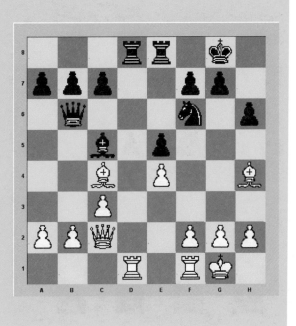

Al final de la partida utilizo mi rey como una importante pieza de ataque.

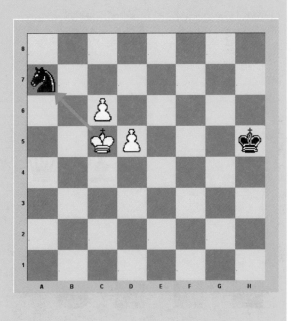

MUEVO EL REY

Rodeo con un círculo las piezas que me puedo comer con el rey blanco.

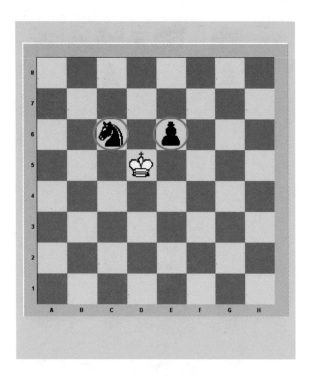

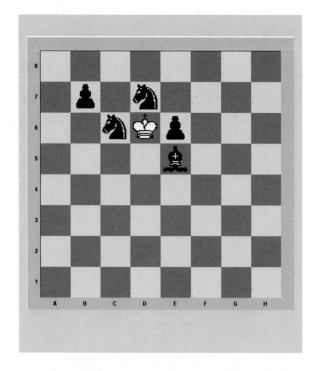

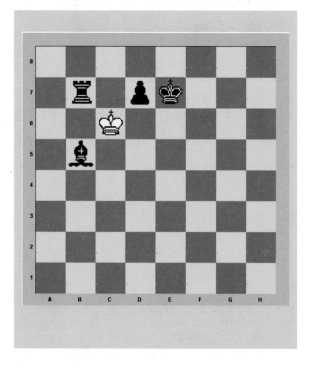

MUEVO EL REY

Marco los cuadros donde puedo mover el rey negro.

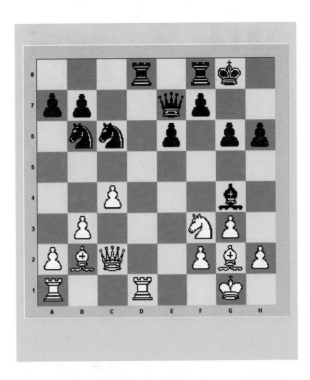

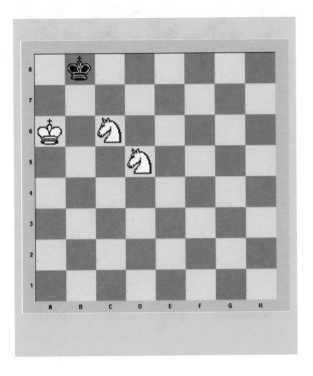

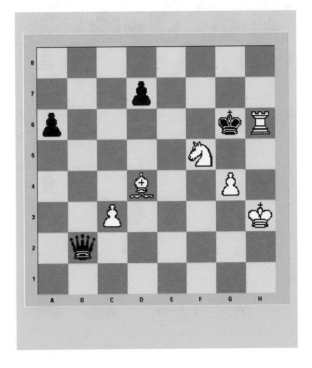

Diego del Rey y Martín Marino Veras

MUEVO EL REY

Ahora marco los cuadros donde no puedo mover el rey blanco.

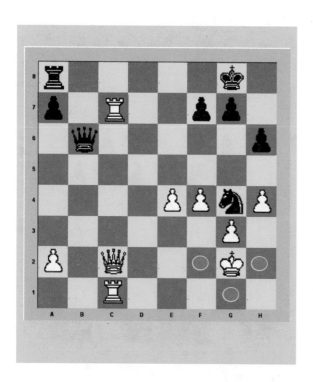

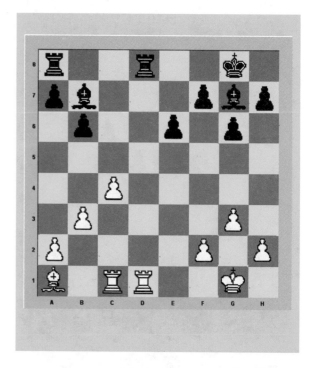

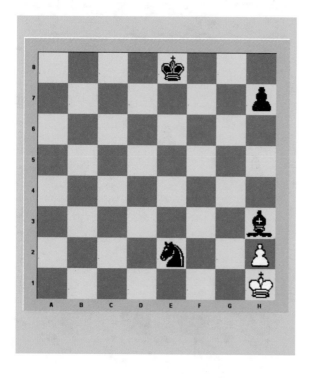

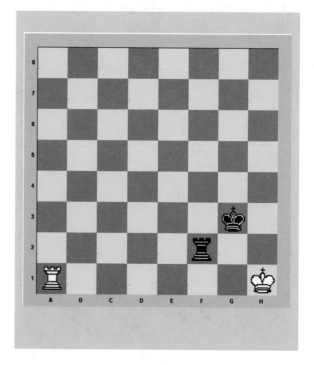

MUEVO EL REY

Quiero saber si me puedo comer el peón señalado con el rey, y luego comerme el otro antes de que llegue a coronar.

(SI)   NO

SI   NO

SI   NO

SI   NO

PASATIEMPOS DE REYES

Pinto el camino por el que tengo que llevar al rey blanco para llegar al pastel, sin pasar por ningún cuadro amenazado.

¿Cuánto le cuesta al rey negro llegar a cada uno de los objetos?

PASATIEMPOS DE REYES
Colorea el dibujo

BATALLA DE REYES Y PEONES
juego con mis compañeros

Gana el que se coma todas las piezas del otro, o logre coronar algún peón.

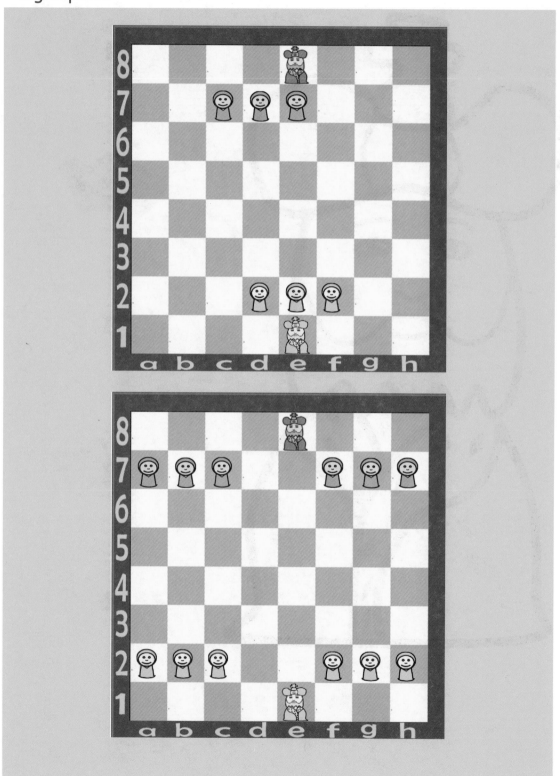

TEMA 9

JAQUE Y
JAQUE MATE

**"Amenazar al rey es jaque,
y si no tiene salida,
además es mate"**

Ya sé cómo mueven las piezas, cómo comen y las casillas que amenazan.

Cuando la pieza que amenazo es el rey contrario, se le llama "jaque".

Cuando me dan jaque, tengo tres formas de liberarme:

1. Me como la pieza que me da jaque
2. Pongo una pieza mía en medio
3. Muevo el rey a un sitio que no esté amenazado

JAQUE MATE ++

Cuando no puedo hacer ninguna de las 3 cosas anteriores (comer la pieza atacante, poner una pieza en medio o apartar el rey a un sitio no amenazado), entonces mi rey está en jaque mate, y se acaba la partida.

No me puedo comer el rey del contrario. Si cuando estás en jaque no te das cuenta y haces otra jugada, es "ilegal", y se vuelve atrás.

DOY JAQUE

Pinto la jugada con la que hago jaque al rey negro.

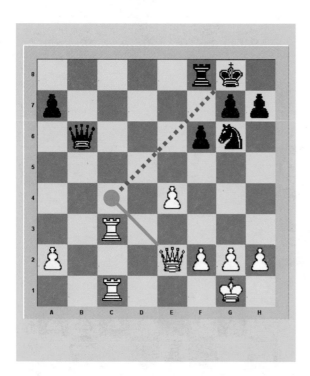

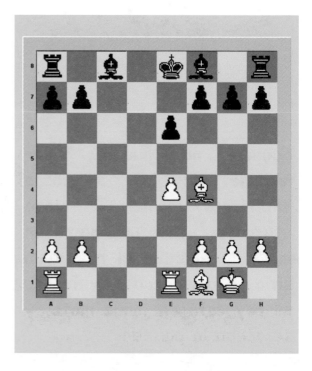

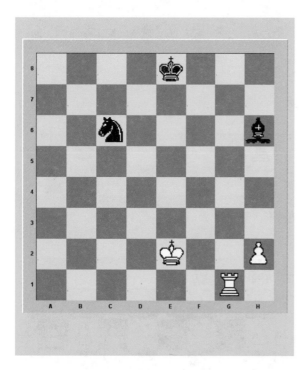

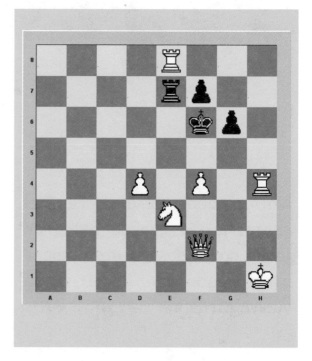

JAQUES

¿Puedo comerme la pieza negra que me da jaque?

SI   NO

SI   NO

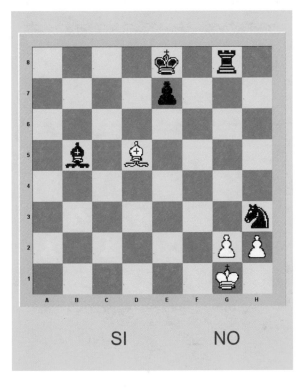

SI   NO

SI   NO

JAQUES

¿Puedo cubrirme del jaque?

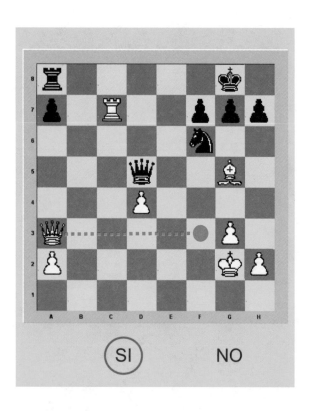

SI   NO

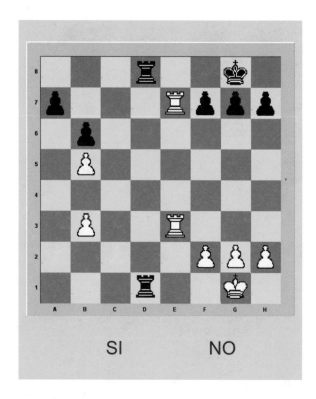

SI   NO

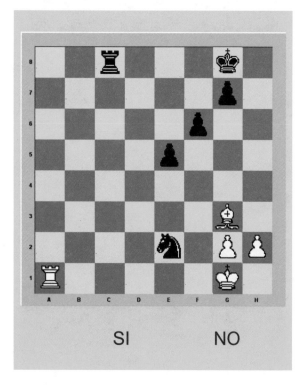

SI   NO

SI   NO

JAQUES

Pinto los cuadros donde puedo mover mi rey para quitarme del jaque.

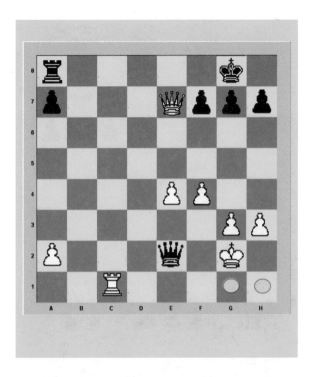

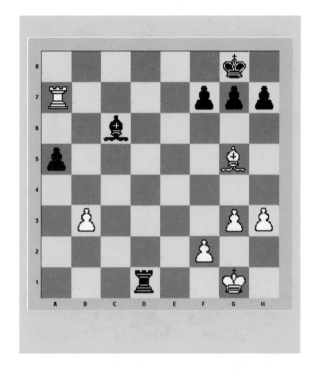

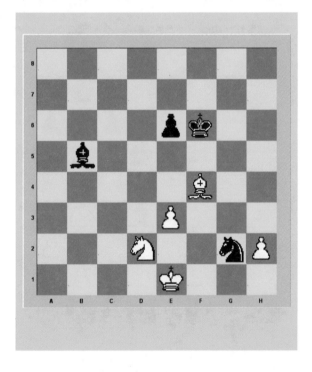

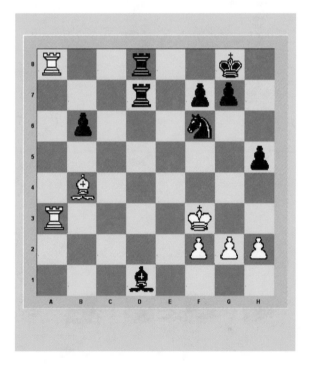

JAQUE MATE

Ahora pinto la jugada que tengo que hacer con las piezas señaladas para dar jaque mate al rey negro.

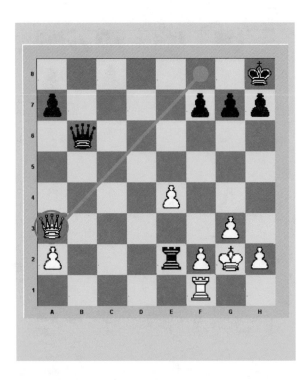

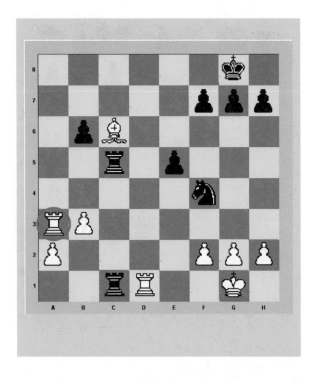

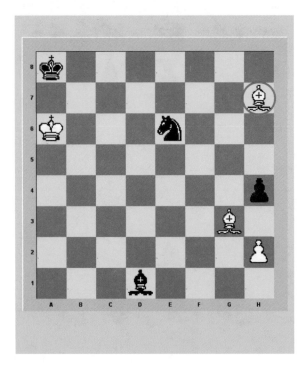

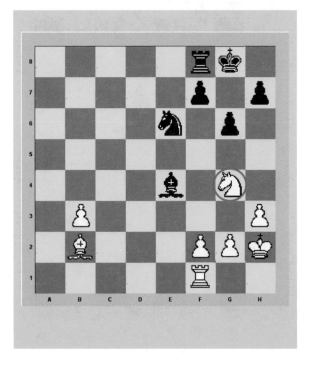

MATE

Doy jaque mate en una jugada con las blancas.

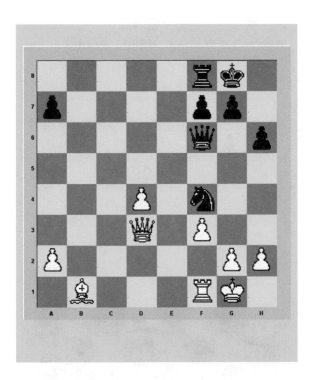

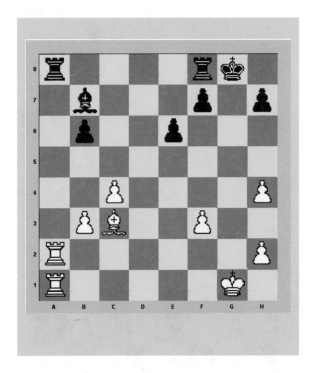

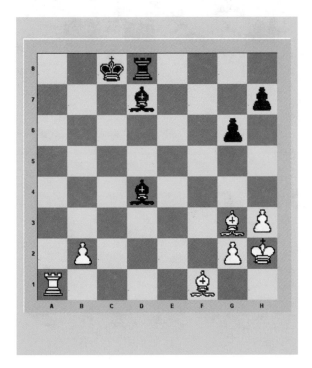

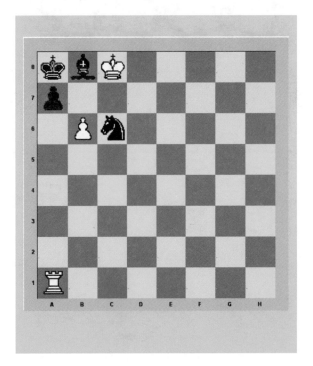

PUZLES DE MATE

Uno las piezas de la izquierda con las de la derecha para tener 3 posiciones de jaque mate a los reyes negros.

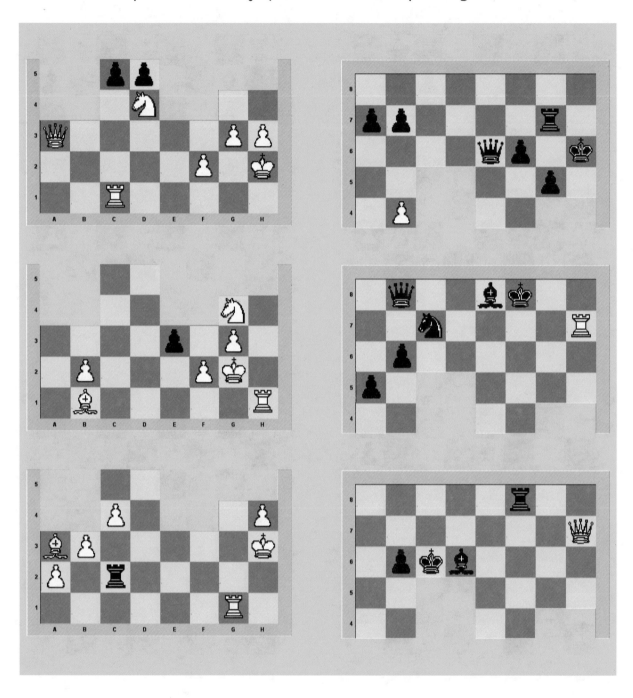

TEMA 10

LAS TABLAS

**"No puedo ganar, y no quiero perder
¿qué puedo hacer?
las tablas tengo que ofrecer"**

=TABLAS=

Cuando juego una partida de ajedrez puedo ganar, puedo perder o puedo empatar.

A empatar se le llama "hacer tablas".

Hay varias formas de hacer tablas, por ejemplo cuando **no quedan piezas para hacer jaque mate.**

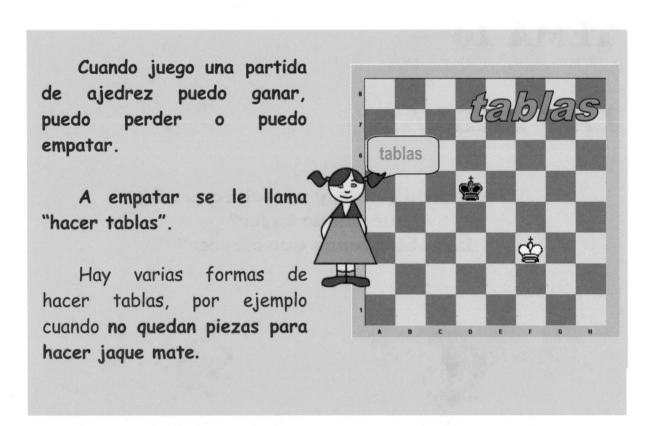

Si no puedo mover ninguna pieza, y mi rey no puede mover a ningún cuadro que no esté amenazado, pero tampoco me están dando jaque, también son tablas.

El rey está "ahogado".

=TABLAS=

También son tablas si hacemos **50 jugadas** (50 movimientos del blanco y 50 del negro) sin comer ninguna pieza, ni mover ningún peón.

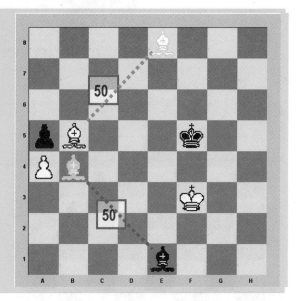

TABLAS FOTOGRÁFICAS

Si mi rival y yo hacemos las mismas jugadas todo el rato, también son tablas.

"Son tablas si se repite la misma posición en el tablero 3 veces, y le toca mover al mismo."

Un ejemplo de estas tablas es lo que se llama "jaque continuo". Doy jaque todo el rato, y al final se repite 3 veces la misma posición.

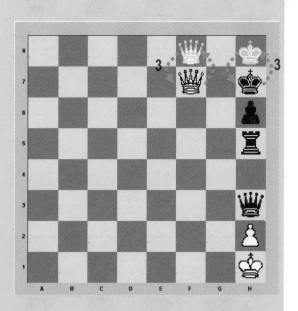

TABLAS POR ACUERDO ENTRE LOS JUGADORES

Si durante el transcurso de una partida veo que la posición está igualada, y por lo tanto pienso que ni yo ni mi contrario podemos ganar, puedo ofrecer "tablas" a mi rival. Si acepta, entonces finaliza la partida con empate.

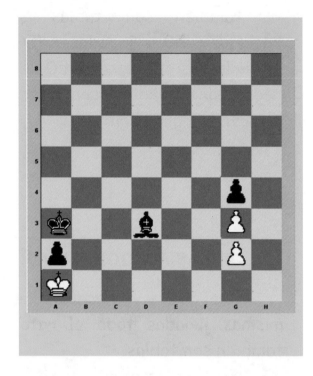

TABLAS POR AHOGADO

Rodeo con un círculo el rey que está "ahogado"

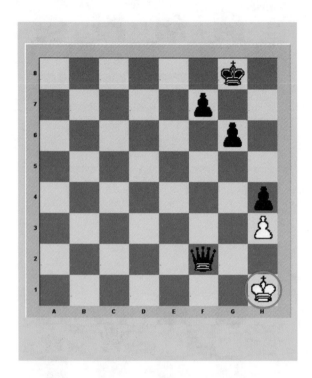

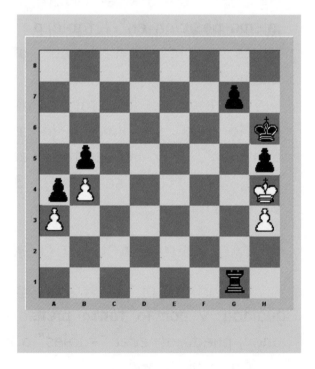

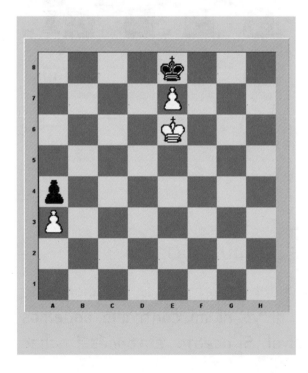

TABLAS POR JAQUE CONTINUO

Encuentro la jugada que hace tablas por jaque continuo con blancas.

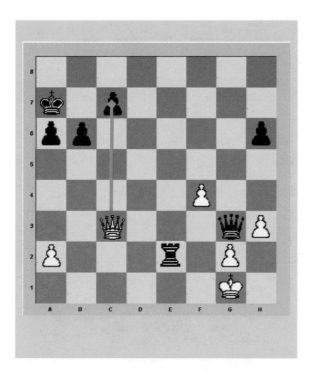

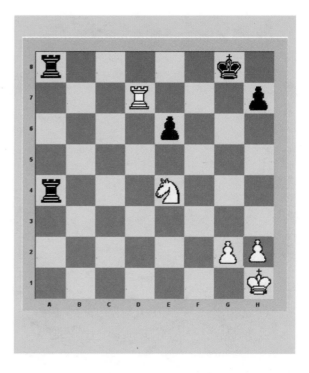

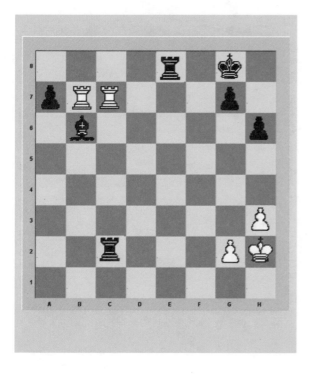

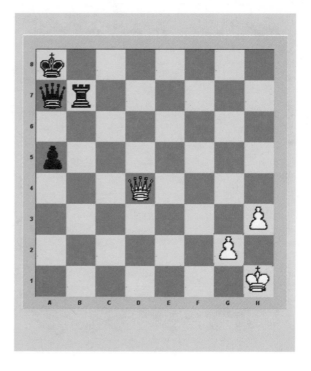

TABLAS

¡Voy a jugar mal! Voy a hacer la peor jugada con blancas.

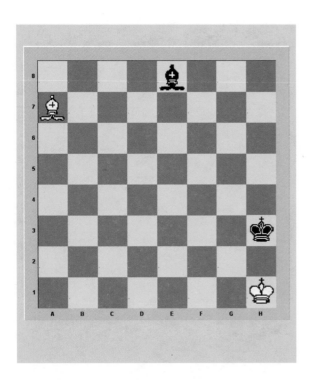

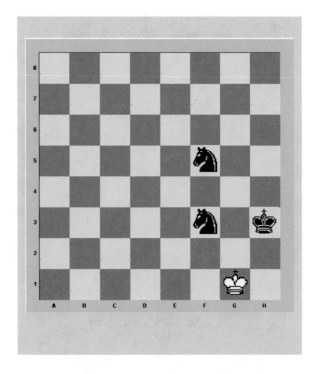

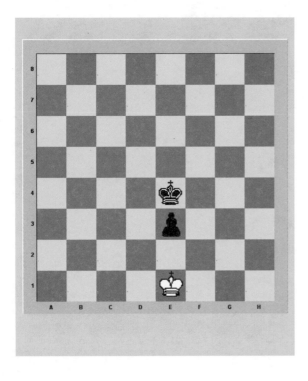

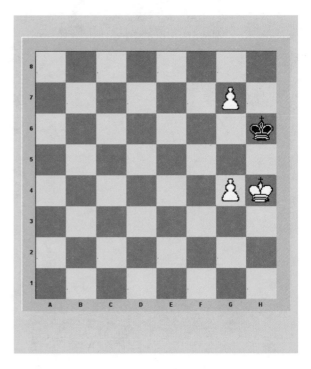

TEMA 11

EL ENROQUE

**"Para mover dos piezas a la vez,
el enroque tendré que hacer"**

O-O ENROQUE O-O-O

El enroque es un movimiento especial que se hace con el rey y una torre.

Debemos enrocarnos cuanto antes, para protegido nuestro rey, y evitar los ataques del rival.

Hay dos formas de enrocarse:

-Enroque corto
-Enroque largo

Para poder enrocarnos se tienen que cumplir varias cosas:

- No hemos movido ni el rey, ni la torre con la que nos queremos enrocar
- El rey no está en jaque
- El rey no pasa por ningún cuadro amenazado

O-O ENROQUE O-O-O

ENROQUE CORTO

Ya hemos dicho que para hacer el enroque no habremos movido ni el rey ni la torre, además no puede haber ninguna pieza en medio, ni mía, ni del contrario. Cojo el rey y lo muevo dos cuadros, y después cojo la torre y la pongo al lado.

ENROQUE CORTO

Y la posición quedaría así. O sea, que el rey blanco que estaba en cuadro negro, va a cuadro negro; y el negro que estaba en cuadro blanco, va a cuadro blanco.

O-O ENROQUE O-O-O

ENROQUE LARGO

Para el enroque largo hago lo mismo que en el corto, pero hacia el otro lado: cojo el rey y lo muevo dos cuadros, después cojo la torre y la pongo al lado.

ENROQUE LARGO

Y la posición quedaría así. Otra vez, el rey blanco que estaba en cuadro negro, va a cuadro negro; y el negro que estaba en cuadro blanco, va a cuadro blanco.

PUEDO ENROCARME O NO?

Juego con blancas, y rodeo con un círculo la respuesta correcta.
Si la respuesta es NO, indico también el motivo.

SI   (NO) {
rey movido [ ]
rey en jaque [X]
paso amenazado [ ]

SI   NO {
rey movido [ ]
rey en jaque [ ]
paso amenazado [ ]

SI   NO {
rey movido [ ]
rey en jaque [ ]
paso amenazado [ ]

SI   NO {
rey movido [ ]
rey en jaque [ ]
paso amenazado [ ]

PUEDO ENROCARME O NO?

Ahora juego con las negras, y rodeo con un círculo la respuesta correcta. Si la respuesta es NO, indico también el motivo.

SI   NO {
- rey movido ☐
- rey en jaque ☐
- paso amenazado ☐

SI   NO {
- rey movido ☐
- rey en jaque ☐
- paso amenazado ☐

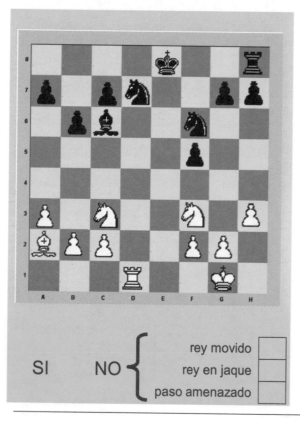

SI   NO {
- rey movido ☐
- rey en jaque ☐
- paso amenazado ☐

SI   NO {
- rey movido ☐
- rey en jaque ☐
- paso amenazado ☐

TEMA 12

MATES SENCILLOS

**"No creas que soy un pardillo,
ya conozco los mates sencillos"**

MATES SENCILLOS

Para saber ganar partidas de ajedrez necesito aprender diferentes formas de dar jaque mate.

Vamos a aprender las más sencillas

DAMA y TORRE

Vamos a ver un par de maneras de dar mate con Dama y Torre contra rey.

Para llegar a la posición del diagrama anterior usamos el **método de la escalera**.

Una pieza corta el paso, y la otra da jaque. El rey negro no puede evitar quedarse encerrado.

MATES SENCILLOS

DAMA y TORRE

La otra manera para dar mate con DAMA y TORRE es la de este diagrama.

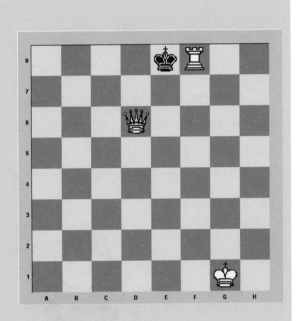

DAMA y TORRE

Enredamos al rey contrario en una "red" de la que no puede salir. La Dama protege a la Torre cuando da jaque, y luego es la Torre la que protege a la Dama para dar jaque. Poco a poco arrinconamos al rey contrario, hasta llegar al mate.

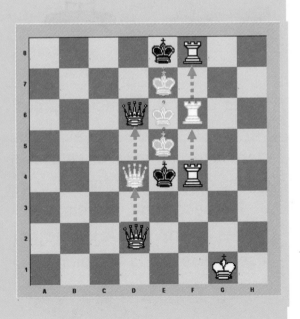

MATES SENCILLOS

2 TORRES

Con dos torres vamos a dar mate de la misma manera que con dama y torre.

Una torre corta el paso, y la otra da mate.

> Usaremos el "método de la escalera".

La única diferencia, es que hay que tener cuidado si el rey contrario se quiere comerse alguna de nuestras torres.

No pasa nada, movemos las torres cuanto más lejos mejor, y seguimos con la "escalera".

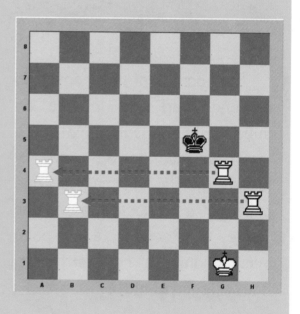

MATES SENCILLOS

MATE CON DAMA Y REY

Si sólo nos queda una dama y el rey contra el rey podemos dar jaque mate.

Usaremos el método "a salto de caballo".

MATE CON DAMA Y REY

Sin dar ningún jaque vamos a ir arrinconando al rey contrario poniendo nuestra dama "a salto de caballo".

MATES SENCILLOS

MATE CON DAMA Y REY

Cuando tengamos al rey contrario en la última fila, o la última columna, entonces le tenemos que dejar al menos 2 casillas "libres" para no ahogarlo.

Y luego acercamos nuestro rey para poder dar mate.

MATE CON DAMA Y REY

Y ya podemos dar mate

MATES SENCILLOS

MATE CON TORRE Y REY

Si sólo nos queda una TORRE y un REY contra rey también podemos dar mate.

Tenemos que llegar a la posición del diagrama.

Para ello usaremos el **"método de la oposición"**.

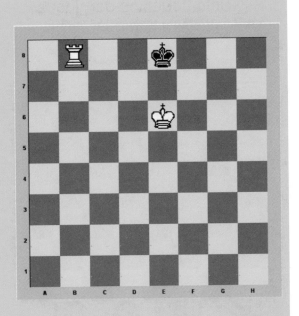

MATE CON TORRE Y REY

Para este mate necesitamos la colaboración del rey y la torre para acorralar al rey contrario.

Primero cortamos el paso del rey negro con la torre.

MATES SENCILLOS

Sólo podemos dar jaque cuando los reyes están "enfrentados"

Cuando el rey retrocede, nosotros volvemos a ponernos frente a él

Si los reyes empiezan a "bailar" hay que mover la torre

... y la movemos al lado del tablero de nuestro rey.

MATES SENCILLOS

Perseguimos al rey negro hasta que llega al lado del tablero

Cuando se pone otra vez enfrente, le volvemos a dar jaque

Repetiremos los pasos hasta que lleguemos a la última fila, porque cuando demos jaque, será mate.

MATES SENCILLOS

juego con mis compañeros

Practicamos el mate de DAMA y TORRE contra REY

DOS TORRES contra REY

DAMA y REY contra REY

TORRE y REY contra REY

TEMA 13

CAPTURAS DE PIEZAS

**"Te seguiré con fiereza,
para comerme alguna pieza"**

 CAPTURAS DE PIEZAS

CAPTURAR PIEZAS

Cuando juego una partida es normal que al avanzar mis piezas, mi rival pueda comerme alguna.

CAPTURAR PIEZAS

Si después yo me como la pieza de mi rival, y es del mismo valor, entonces nadie sale ganando.

CAPTURAS DE PIEZAS

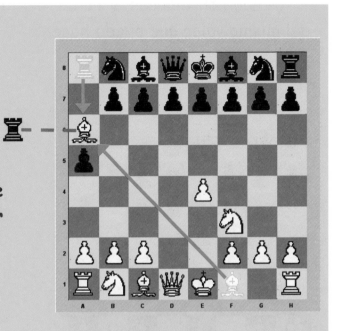

CAPTURAR PIEZAS

Sin embargo, cuando me como una pieza de más valor que la que me comen...

CAPTURAR PIEZAS

...entonces salgo ganando

$$\text{♜} \neq \text{♝}$$

Si jugase con negras saldría perdiendo, claro.

COMO PIEZAS

Juego con blancas, y rodeo con un círculo los cambios de piezas del mismo valor que puedo hacer.

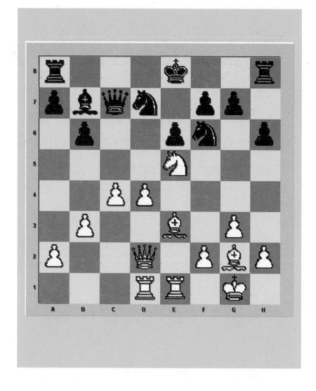

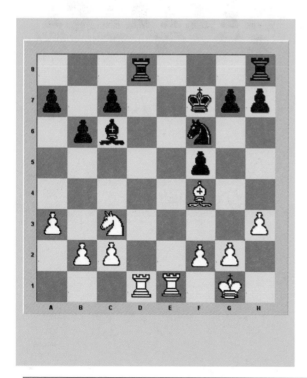
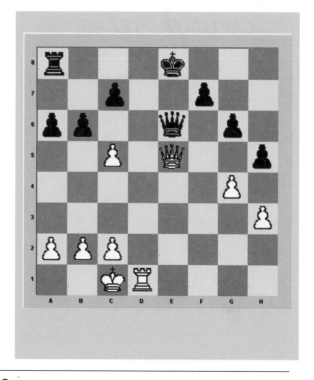

COMO PIEZAS

Ahora con las negras busco las piezas blancas que me puedo comer, y que sean de más valor.

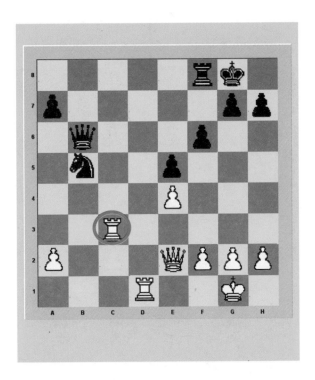

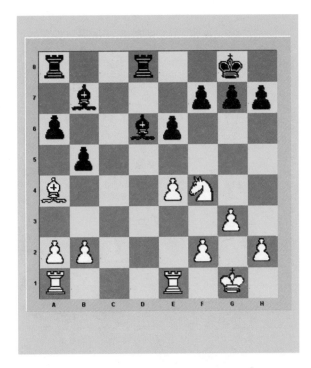

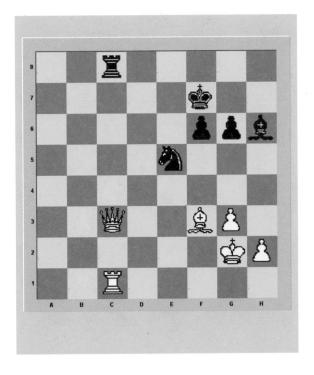

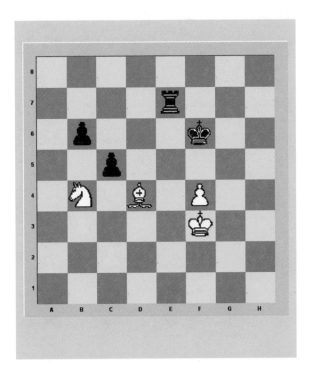

COMO PIEZAS

Marco con un círculo todas las capturas que puedo hacer con las blancas.

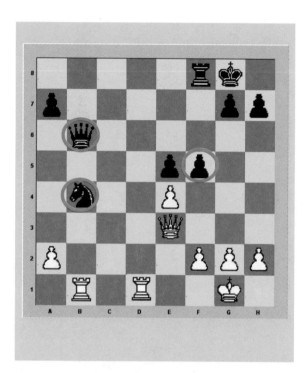

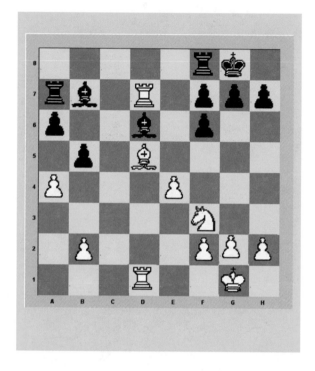

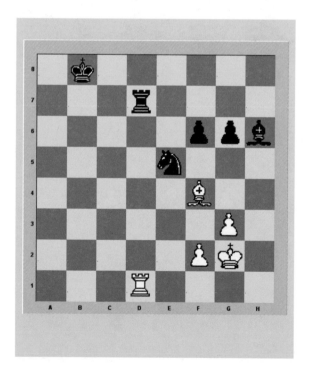

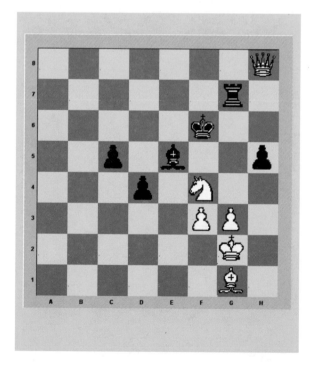

COMO PIEZAS

¡A contar piezas! Para comerme una pieza contraria, tengo que atacar con más que las que defienden, o de menor valor que las que ataco ¿puedo comerme la pieza marcada en cada diagrama?

SI   NO

SI   NO

SI   NO

SI   NO

PARTIDAS DE 21 PUNTOS

juego con mis compañeros

Hay que elegir piezas que su valor sume 21 puntos.
Cada uno elige las que quiere y gana el que da jaque mate.

Por ejemplo:

Blancas	♔	2 ♖ = 10	2 ♗ = 6	1 ♘ = 3	2 ♙ = 2	= 21
Negras	♚	1 ♛ = 10	1 ♜ = 5	1 ♝ = 3	3 ♟ = 3	= 21

TEMA 14

COMBINACIONES BÁSICAS

"Hay posiciones en las que no sé qué hacer, si aprendo a combinar, sabré vencer"

ATAQUE DOBLE

ATAQUE DOBLE

Cuando con una de mis piezas amenazo dos del contrario a la vez.

Puede ser con un jaque.

O lo puedo hacer sin jaque.

Amenazo dos piezas para comerme una.

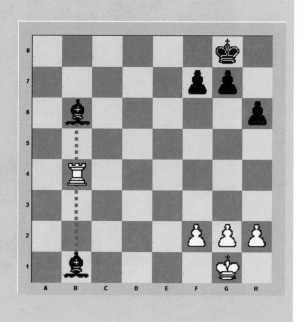

ATAQUE DOBLE

Marco la jugada que tengo que hacer con la pieza señalada para hacer un <u>ataque doble.</u>

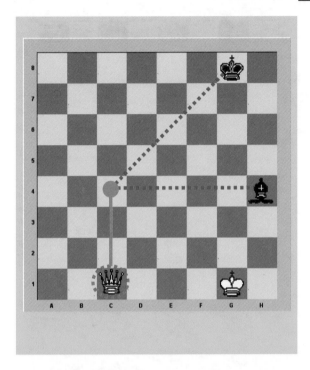

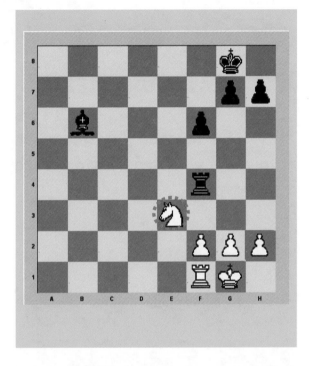

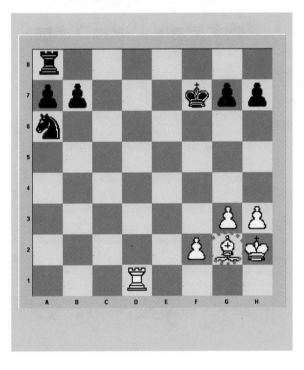

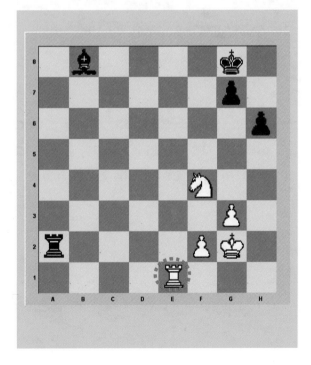

PIEZA CLAVADA

CLAVAR UNA PIEZA

Es cuando amenazo una pieza, y detrás está el rey contrario...

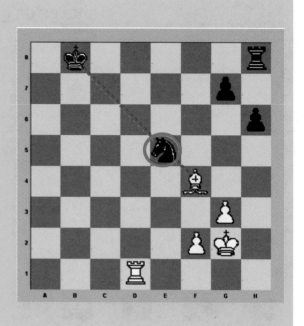

... o detrás hay una pieza de más valor que la mía o que esté sin defender.

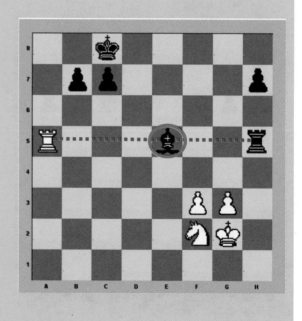

CLAVADA

Marco la jugada que tengo que hacer con la pieza señalada para hacer una <u>clavada.</u>

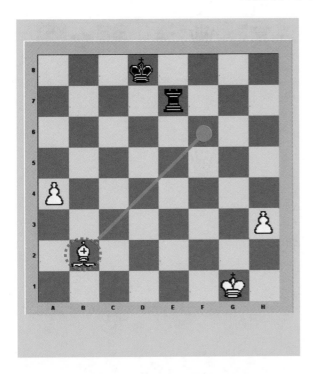

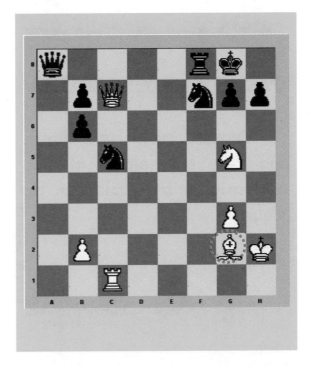

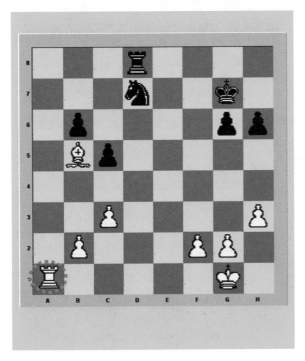

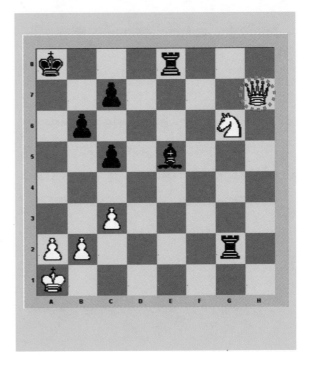

JAQUE A LA DESCUBIERTA

JAQUE A LA DESCUBIERTA

Cuando quito una pieza mía que hay entre el rey contrario, y otra mía que da jaque.

El jaque a la descubierta lo aprovecho para llevar la pieza que quito a un sitio donde poder comerme algo.

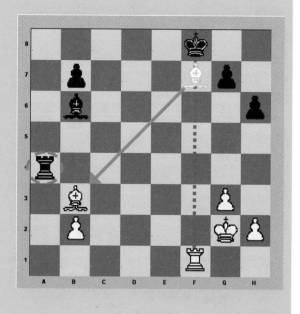

JAQUE A LA DESCUBIERTA

Marco la mejor jugada que puedo hacer con la pieza señalada
para hacer un <u>jaque a la descubierta.</u>

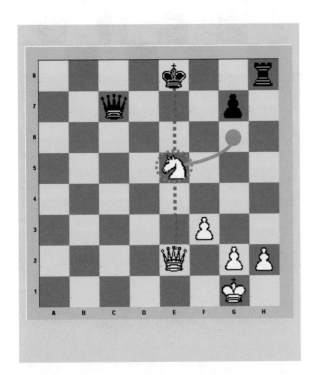

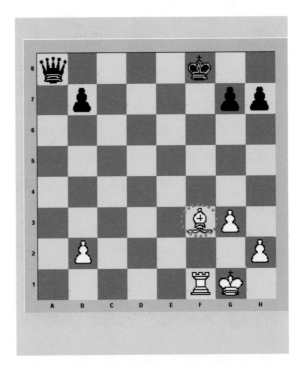

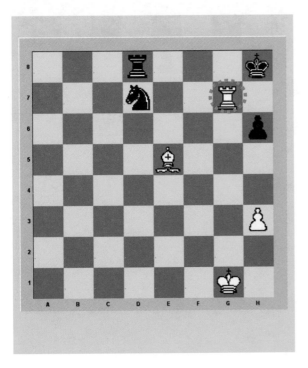

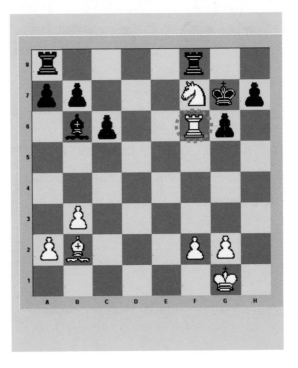

RAYOS X

RAYOS X

Si le doy jaque al rey contrario, y detrás tiene una pieza sin defensa o de mayor valor que la mía que da jaque.

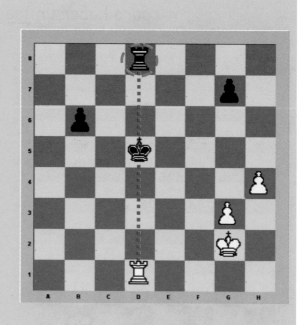

RAYOS X

También sirve si amenazo la dama del contrario, y detrás tiene una pieza indefensa.

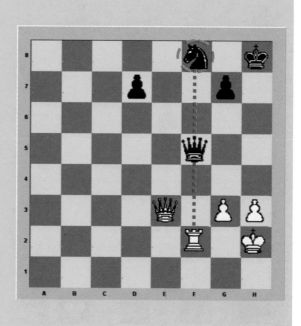

Diego del Rey y Martín Marino Veras

RAYOS X

Marco la jugada que tengo que hacer con la pieza señalada para hacer <u>rayos x.</u>

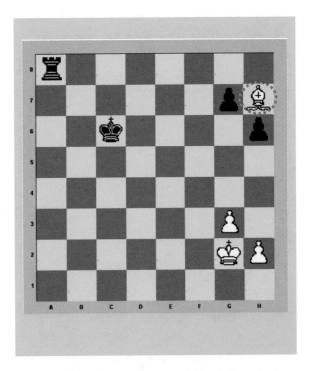

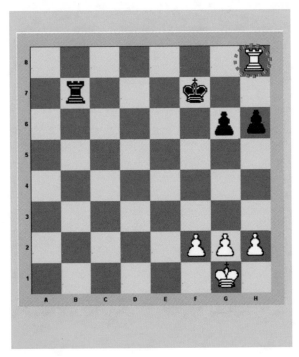

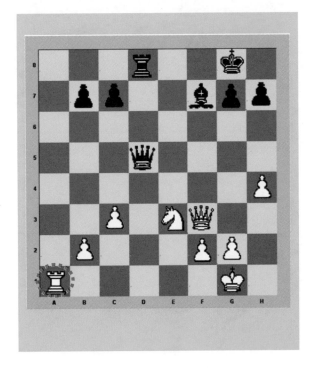

TEMA 15

DESARROLLO DE PIEZAS

"A mis piezas les gusta entrar pronto en juego, muevo los peones, los caballos, y los alfiles luego"

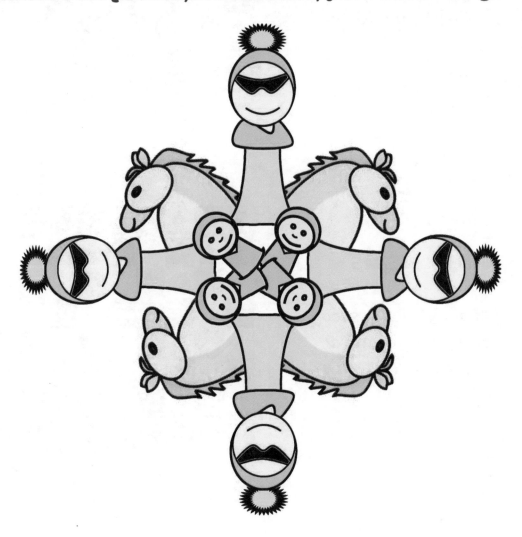

DESARROLLAR PIEZAS

DESARROLLAR PIEZAS

En las primeras jugadas de la partida tengo que poner todas mis piezas en juego.

Empiezo adelantando los peones centrales para dejar salir a los alfiles.

DESARROLLAR PIEZAS

Los caballos los saco hacia el centro para atacar los peones contrarios, y defender los míos.

DESARROLLAR PIEZAS

DESARROLLAR PIEZAS

Llevo los alfiles a las diagonales donde creo que atacarán más, o tendrán más casillas libres.

DESARROLLAR PIEZAS

Tengo que poner mi rey a salvo.

Así que me enrocaré cuanto antes.

DESARROLLAR PIEZAS

DESARROLLAR PIEZAS

Ya dijimos que la Dama no hay que sacarla al principio de la partida.

Esperaré, y luego la llevaré a un sitio que no sea peligroso.

DESARROLLAR PIEZAS

Lo último que muevo son las torres, y las llevo a las columnas "abiertas". Desde ahí tendrán más casillas donde ir.

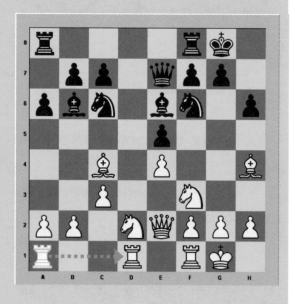

DESARROLLAR PIEZAS

Para empezar una partida de ajedrez:

- Tengo que ocupar el centro con peones
- Apoyo mis peones con piezas (caballos, torres...)
- Intento destruir los peones del rival
- No muevo más de una vez cada pieza
- Protejo mi rey (enroque)
- Llevo las torres a las columnas abiertas o semi-abiertas
- Coloco la dama en un lugar alejado de las amenazas del rival

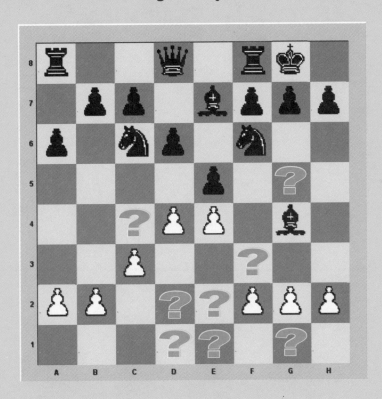

Cambio los interrogantes por las piezas blancas que faltan:

=g1   =   ♖=   ♖=

♗=   ♗=   ♘=   ♘=

TEMA 16

FINALES ELEMENTALES

"Tranquilo, no lo pases mal
la partida se puede ganar en el final"

FINALES SENCILLOS

FINALES SENCILLOS

Al final de la partida cuando quedan pocas piezas, tengo que saber cómo puedo ganar, o si voy perdiendo, cómo puedo intentar hacer tablas.

FINALES SENCILLOS

Para ganar este final, tengo que recordar los de la "oposición" de los reyes, del tema del mate con rey-torre.

Lo primero que tengo que hacer es poner mi rey por delante del peón

FINALES SENCILLOS

FINALES SENCILLOS

Tengo que llegar a esta posición, y que le toque mover al negro, para que se aparte del camino de mi peón hasta la "coronación".

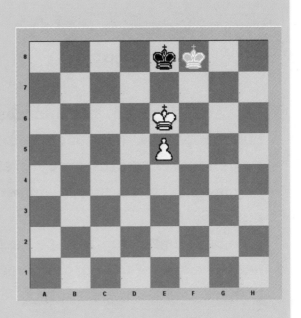

FINALES SENCILLOS

Y ahora mi peón ya tiene el camino libre para convertirse en dama, y luego dar el mate que ya sabemos.

FINALES SENCILLOS

LOS PEONES SE DEFIENDEN

Aquí jugando con blancas ganaré porque mis peones se defienden el uno al otro, y el rey negro no se puede comer ninguno.

Sin embargo los peones negros están indefensos, y me comeré uno detrás de otro.

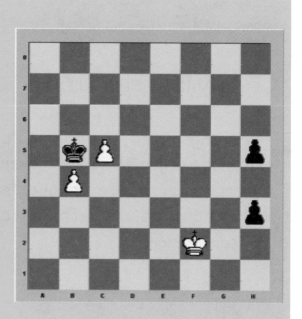

FINALES SENCILLOS

cuando el rey negro se come el peón de b4, ya no puede parar el de la columna c, y se convertirá en dama.

FINALES SENCILLOS

LA REGLA DEL CUADRADO

¿Cómo sé si llego a comerme un peón, que parece lejos de mi rey, antes de que corone?

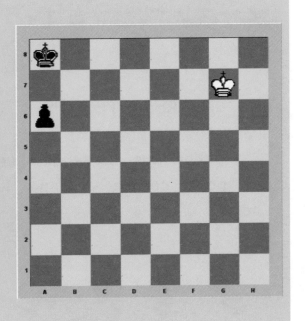

LA REGLA DEL CUADRADO

Hago un cuadrado desde donde está el peón que me quiero comer. Si cuando muevo, mi rey está dentro del cuadrado, entonces llego a comérmelo. Si queda fuera, entonces el peón corona sin poder comérmelo.

En el diagrama entro en el cuadrado, así que me lo como, y por lo tanto son tablas.

FINALES SENCILLOS

TORRES Y PEONES

Tengo que conseguir que el peón corone. ¿Cómo lo hago?

TORRES Y PEONES

Muevo la torre a la casilla defendida por mi peón, además la torre negra no se puede comer el peón porque dejaría desprotegido a su rey.

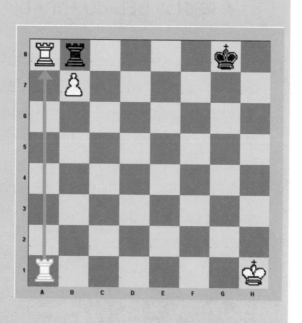

FINALES SENCILLOS
juego con mis compañeros
el que lleve blancas, tiene que lograr coronar el peón

FINALES SENCILLOS

juego con mis compañeros

el que lleve blancas, tiene que dar jaque mate, moviendo la torre una sola vez.

RECORTABLE

Recorta las piezas que hay debajo, y aprovecha el tablero de la contraportada para jugar tus partidas de ajedrez.

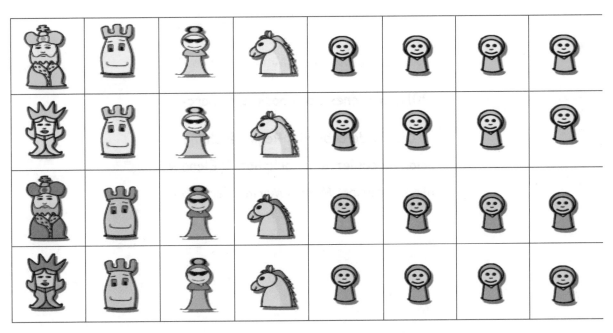

© 2011, Diego del Rey y Martín Marino Veras

© _____ na

Ilustr _____ aximova

_____ z

ISBN: 978-84-9917-133-3

Depósito legal: B-26.930-2.011

S.A. DE LITOGRAFIA,
Ramón Casas, 2 esq. Torrent Vallmajor,
08911 Badalona (Barcelona)

Impreso en España - Printed in Spain